夫婦と家族の「心の傷」の癒し方

ありのままの自分に気づけばうまくいく

臨床心理士
石川裕理

知道出版

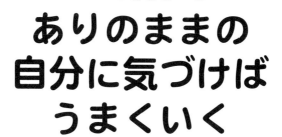

○こんなあなたに役立つ本○

・夫に腹が立っている
・夫が何を考えているのかわからない
・夫とわかり合えないと感じている
・夫に自分の気持ちが伝わらないと感じている
・DVや深刻なモラハラというほどではないと思うが、夫が自分に対して失礼だと感じている
・妻が自分に対して苛立っていると感じている
・妻から「なぜ私の気持ちがわからないの！」と言われて困っている
・妻と話すのが苦痛だと感じている
・子どもに問題があり、それは根本的に夫（または妻）のせいだと感じている
・子どもに問題があるのに夫（または妻）が真剣に向き合ってくれないと感じている

などの夫婦間の困ったこと

夫婦と家族の「心の傷」の癒し方
ありのままの自分に気づけばうまくいく　◎もくじ

プロローグ　夫婦の不和と子どもの虐待 ………… **11**
「コロナ禍」はきっかけにすぎない　14
本当は難しい夫婦間コミュニケーション　17
結婚は〝ゴール〟ではなく、〝異文化の出会い〟　19
「心理学の勉強」はいらない　20
あなた自身と、あなたの大切な人について知る方法　23
夫は発達障害なの？　25
キーワードは「ありのまま」　26
夫婦も家族もヘンなもの　28

第1章　カウンセリングの現場で――相談者のケース ………… **31**
五十代夫婦のケース①

不倫をやめない夫に悩むA子さん　32
攻撃は甘えの表現　35
「共依存」は別れないとダメ？　40
「ありのままの自分」に気づく　42
四十代夫婦のケース②
なんとなく夫にいら立つB子さん　50
長引く問題にはメリットが隠されている　54
「男らしさ」と「女らしさ」から生まれる夫婦のすれ違い　58
「私が甘えられるのは、あなただけ」　60
「ありのままの自分」を表現すれば、夫婦間コミュニケーションは改善する　62
「システムズ・アプローチによる家族システム」という考え方　64
自分の悩みを語らない男性たち　66
六十代夫婦のケース③
成功者のCさんと優秀すぎる妻、「ニート」の息子　68
「子どもの問題」は夫婦間のコミュニケーション不和の象徴　70

息子が感じた母の苦しみ 72
「引きこもり」は親のことが心配だから 74
大人になった子どもの自立のさせ方 80
夫は妻をリスペクトしている 83
夫からリスペクトされていても気づかない妻 87
男性優位社会ということ 88
出産が夫婦のすれ違いを増大させるきっかけ 91
二十代夫婦のケース④
子どもが生まれてからうまくいかないDさん 96
女性は「共感」脳で、男性は「問題解決」脳？ 98
「ありのままの自分」を見失い身体の不調に 105
三十代夫婦のケース⑤
原因不明の腰痛に苦しむE子さん 107
言葉は嘘であるということ 108
「過去の自分」の否定と、対等でない関係が症状をつくる 112

行動から少しずつ見えてくる「ありのままの自分」 115
どこかへ消えた腰痛 118

第2章 なぜありのままの自分を表現すればうまくいくのか …… 121

よりよい夫婦関係のために、まず自分を見つめよう 122
原家族で作られた「心の傷」は、「ありのままの自分」の重要な一部分 123
「心の傷」の大きさはどのように決まるか 125
親は、大人になった私たちの「心の傷」を癒せない 128
「心の傷」を受容する夫婦がうまくいく 130
「ありのままの自分」の見つけかた 133
①これまで生きてきた「すべての年齢の自分」が生きている 134
②夫婦の現在の立ち位置・ライフサイクル（家族の発達段階）を知ろう 142
「自分は閉じ込められた籠の鳥」というS子さん 145
子どもは親の幸せに貢献しようとする生き物である 148
自分の「欲望」に素直になること 152

隠れた「自己否定」が危ない　156
「悩み」にはメリットがあるという「逆説」に気づこう　157

第3章　すぐに使えて変化を促す〝システムズ・アプローチ〟……163

システムズ・アプローチ　164
システム変更のテクニック①
原因・結果論ではなく好循環と悪循環で考えよう　167
システム変更のテクニック②
「問題発生」はシステム改善のチャンス　174
システム変更のテクニック③
目に見える「変化・変更」　176
システム変更のテクニック④
小さな変更が大きな変化を生む　178
システム変更のテクニック⑤
ユーモアで考え悪意を利用　184

システム変更のテクニック⑥
性的コミュニケーションは楽しく、豊かにしよう　191
システム変更のテクニック⑦
人に期待しない、心が求めるままに行動する　193
システム変更のテクニック⑧
「解決しよう」と考えるのをやめる　202
システム変更のテクニック⑨
社会資源（使えそうなリソース）は十分に活用する　204
システム変更のテクニック⑩
コミュニケーションの場所を変える　206
システム変更のテクニック⑪
〝逆〟という効果的な戦略　209
システム変更のテクニック⑫
幸せな未来の先取り　212
システム変更のテクニック⑬

問題解決を保留し、新たな出会いを求める　215
システム変更のテクニック⑭
自信のあることだけをやる　216
システム変更のテクニック⑮
形から入る、人の真似をする　218

エピローグ　〝夫婦と家族のカウンセラー〟になった理由　……　**222**

「メンタルクリニック」で〝悩み〟は解決しない　222
内田良子先生との出会い　225
斎藤学先生との出会い　228
父母の夫婦間葛藤の結末　229
カウンセラーが癒されるという「逆説」　232
参考文献　236

プロローグ

夫婦の不和と子どもの虐待

本書は、心理カウンセラー・家族療法家としての私の経験から、家族の問題、とくに夫婦のコミュニケーションの問題について解決に導くための斬新な方法を紹介しています。

「コロナ禍」という時代が始まって以降、家族という少人数での生活時間が長くなったことや、雇用形態の変化や家庭の収入減の問題も増え、これまでとは違ったストレスから、夫婦や家族のコミュニケーション問題に直面する人々が増えてきました。

いきなり重い数字を出すのは気が引けますが、警察庁が2020年に摘発（逮捕・書類送検）した児童虐待事件は2、133件で、過去最多を更新してしまいました。また、児童相談所による対応件数は、ここ数年、右肩上がりに増加しています。

虐待の通報件数が近年増加していることは、必ずしも虐待そのものが増加していることを意味するのではなく、社会全体の虐待についての意識が高まったためという側面があります。その意味では、通報の増加は必ずしも悪いことではなく、虐待の深刻化や悲惨な事件を防ぐ社会を作っていくうえで必要なことでもあります。

しかしコロナ禍になって、児童相談所による一時保護件数も増加していることから、確かに虐待そのものが増加していると考えられます。

子どもの虐待の原因は多岐にわたりますが、貧困や経済的不安が大きな要因になることは、過去の調査から明らかになっています。ですので、コロナ禍による行動の制限などの精神的・肉体的ストレスに加えて、コロナ禍による経済不安や実際に収入が下がった家庭で、問題が起こりやすくなったと言えるかもしれません。

一方で、離婚はどうでしょうか。

世間では「コロナ離婚」という言葉が流行し、夫がリモートワークで家にいる時間が長くなったことに耐えられなくなった妻が続々と離婚を申し出ている、というような噂がインターネット上などで多く見られます。しかし実際にはどうなのでしょうか。

厚生労働省が発表する人口動態統計を参照することで、実際の月ごとの離婚件数がわかります。そちらを見てみますと、二度の緊急事態宣言が発出された2020年の離婚件数は、2019年と比べてとくに増えてはいないことがわかりました。

これは一体どういうことかと推測しますと、「コロナ離婚」という言葉が流行するほど、離婚を意識する夫婦が増えたけれども、具体的に離婚するとなると、多くの人が踏み止まったということではないでしょうか。

おそらく、まず考えるのは経済的不安です。別れることが簡単に出来るならしたいところだけれど、実際には実行に移せないと考えた夫婦が多かったということではないでしょうか。

妻は、自分が経済的に自立してやっていけるかどうか、夫は養育費や生活費の負担を続けられるのかどうか。また、コロナ禍でストレスが発散できずに、さらに孤独な生活に耐えられるかどうか。「コロナ離婚」はしたくても現実的ではないというのが、本当のところだったかもしれません。

そして、子どもの虐待が起こる家庭で「夫婦仲が円満である」ということは、まずあり得ません。子どもの虐待は、子どもに対する精神的・肉体的・性的虐待だけではなく、夫婦間のDVや激しい言い争い、罵詈雑言《ばりぞうごん》を浴びせる様子を子どもに見せたり、聞かせたりすることなども含まれます。

「本当は離婚したいけど、あなたたち（子どもたち）がいるから、我慢しているのよ」と子どもに向かって言うことも、精神的虐待になります。もしも離婚したくても出来ない夫婦が多ければ、結果的に子どもの虐待は増えて当然とも思えてきます。

「コロナ禍」はきっかけにすぎない

しかし、こうした「家庭内問題」の根本原因は、果たして「コロナ禍」だからなのでしょうか。多くの家庭で「コロナ禍」は、問題が浮上するきっかけになったにすぎないとは言えないでしょうか。

もともとくすぶっていた問題、心の片隅で実は気になっていたけれども、見ないようにしていた問題が、「コロナ禍」によって逃げ場を失い、一気に表面化したという家族や夫婦がいるのではないか、と私は感じています。

例えば結婚後、夫とは価値観が合わないと感じることが増え、悩みなどを話してもトンチンカンなアドバイスが返ってくるだけだから、ふだんは心の内を夫にあまり話さないようにしていた妻が、それまでは職場で仲のいい同僚と話すことでストレス発散をしていたのに「コロナ禍」で職を失い、それが出来なくなったとしたら……。

夫が育児をほとんどしないことに不満があるけれども、稼ぎだけはよい夫だからと目をつむっていたところ、夫の収入が大幅ダウンした上に育児も相変わらずしない、となったとしたら……。

本来、家族や夫婦といった他に代わりのいない、かけがえのない親密な人間関係では、危機に陥った時こそ相手を思いやり、助け合えることが理想のはずです。ところが危機に陥った時こそさらにお互いを苦しめる、あるいは関係が崩壊するというのでは、一体何のための共同生活だったのだろうか、と思えてこないでしょうか。

しかし一方で、人は関係性が近ければ近いほど、ついルールを逸脱してコミュニケーションがめちゃくちゃなものになりやすいというのも、また真理だと思います。

人間関係はいつだって簡単なものではありませんが、人間にとって最も親密な、家族との関係こそが一番厄介かもしれません。そして、たとえコロナ禍は収束しても、一度表面化してしまった問題は、消えずに残るかもしれません。

「コロナ禍」のみならず、今後、また震災などのような社会的危機がやってくることも

あるでしょう。あるいは個人的にどのような危機がおとずれても、お互いに支え合い、助け合う夫婦や家族というものを実現させたい、というのが私の願いです。

本当は難しい夫婦間コミュニケーション

この本を手にとったあなたは、自分の家族や夫婦の間に悩みを抱えているか、早急に解決しなければ、と強く感じているか、あるいはなんとなく気になっている程度なのか、とにかくスッキリさせたいと思っているのだと思います。

家族や夫婦の問題は日常生活の一部になっており、一朝一夕には解決できないと感じられるかもしれません。また、極めてプライベートな問題のため人に相談しにくく、自分のような悩みを抱える人は世の中にあまりいないのではないか、極端な例なのではないか、と不安に感じたり、逆に、例えば浮気問題や夫のキャバクラ通いなど、こんな低俗でありふれた問題に悩んでいるのは恥ずかしいと感じたり、ストレスのせいで子どもに八つ当たりしてしまうことを人に言えないと感じたり、さまざまな思いから問題解決が先送りになっていたかもしれません。

しかし、夫婦間の問題が先送りにされやすかったり、人に相談しにくいと感じられるのは、あなたの心の問題や欠陥ではありません。それには理由《わけ》があるのです。

世の中に、恋愛の指南書（とくに女性向け）は数多くありますが、夫婦関係の指南書はとても少ないのが現状です。また、対人関係スキルやコミュニケーション・スキルを高めるための実用書は山ほどありますが、夫婦関係のような「きわめて親密な相手とのコミュニケーション」のスキルについての書籍は、意外と少なく探すのに苦労するでしょう。また、自治体の福祉センターなどに「子育て相談」の窓口は必ずあるのですが、「夫婦関係相談」の窓口はまずありません（DV相談窓口はあります。しかしもっとその手前の、コミュニケーションレベルの悩みは扱ってもらえないでしょう）。

それはなぜなのでしょうか。

結婚は〝ゴール〟ではなく、〝異文化の出会い〟

一つには、未だに「結婚がひとつのゴール」という古めかしい人生観が、世の中にあるからのような気がします。さらに夫婦は「阿吽《あうん》の呼吸」でやっていくものという、これまた古めかしい通念が、まだどこかで生き残っているからなのです。

実際には、簡単に破棄できる恋愛関係のようなものと違って、法的な拘束力のある夫婦や家族の関係のほうがよほど厄介で、家族や夫婦間コミュニケーションのストレスが、さまざまな形の精神疾患や問題行動などを引き起こします。

私に言わせれば、子どもの虐待や不登校や引きこもりなどの問題を防止したいのであれば、まず夫婦間の葛藤《かっとう》からなんとかすべきなのです。そして、夫婦間のコミュニケーションは難しく、誰もがストレスを感じるのが当たり前なのであって、「阿吽の呼吸」などという神業《かみわざ》が成立しているカップルがいるとしたら、それは本当にたぐい稀《まれ》な幸運でしかないのだということを、すべての人が常識とするべきでしょう。

そもそも「妻と夫は異文化のぶつかり合い」といえるのです。

つまり妻と夫は、それぞれまったく文化の違う家族で生育し、そこから離れて結ばれた2人です。お互いの言語体系も違います。使う言葉が違う、ということです。日本語であっても、言葉の脈絡が違うのです。伝わっているようで、伝わっていなかったり、誤解されていることが実はとても多いのです。

さらに、妻と夫は、それぞれに大なり小なりの「心の傷」を生育家族から負っています。このことを理解することが、相手を理解することといっても過言ではないくらいなので、これについては本書を通じて説明していきます。

「心理学の勉強」はいらない

人は生きている限り悩み続ける存在ですから、心理学系の書籍は常に人気があるようで、「メンタルヘルス」や「心理療法（サイコセラピー）」関連の書籍は、それこそ山のように出版されています。

人が心理療法や心理学の本を手に取る時は、たいていの場合、極めて個人的な悩みがあ

り、その解決方法や答えを求めている時だと思います。実際、私のカウンセリングに訪れるクライエントの多くが、

「自分でなんとかしようと思って、たくさん本を読みました」

と言います。

そして、そうした本をいくら読んでも自分の問題解決には至らず、ついに最終手段というような気持ちでカウンセリングに訪れる人もいるのです。

私自身がまだ若くて問題をたくさん抱えていた頃、同じように多くの「心理学」の本を読み、自分で自分の問題を解決しようとしてまったく出来なかった経験がありますから、今では、どうして「心理学」や「心理療法」の本を読んでもあまり助けにならないのかがわかります。

結局、「心理学」や「心理療法」を「勉強」して「ど

うすればいいか」を考えても、あなたは自分の悩みや問題を解決できないでしょう。ただし、「心理学」や「心理療法」を利用して、「自分を知る」ことが出来るなら、問題解決に近づくことができるかもしれません。

悩みの解消や、人生をうまくいかせるために最も必要なことは、何よりもまず、自分自身について知ることです。自分を深く知ることに時間とエネルギーを費やすべきです。自分で自分のことがよくわかっていないのに、相手が理解してくれない、と文句を言っても始まらないというものです。

あなたは、「ありのままの自分」とはどんな自分か、人に説明できるでしょうか？

「これが私」と人に話せるでしょうか？

そして、あなたの家族は「ありのままのあなた」を知っているでしょうか？

このことについても、本書全体を通して詳しく説明していきます。

あなた自身と、あなたの大切な人について知る方法

もう一つ言えることは、「新しい心理療法」や「心理学的な最新の発見」などというものは、実は世の中にそうそうないということです。

本書の中で、私は精神分析と森田療法という、それこそ20世紀初頭からある古色蒼然《こしょくそうぜん》とした心理療法の知見を引用していますが、これらは今ではまったく現代人に当てはまらなくなった古い知識、などということではありません。自分自身を知るために、大いに参考になる叡智《えいち》にあふれています。

むしろ、現代に濫発《らんぱつ》されている新しい心理療法は、誰にでも理解出来るよう単純にイメージ化したわかりやすさを重視しているものが多く、どんどん底の浅いものになっており、真の人間理解から遠ざかっていっているのではないか、とすら私は感じます。

私も心の専門家の一人として、新しく評判になっている「ナントカ療法」というのを見聞きすると本を買って読んでみるのですが、私にとって新しい発見は何もないことが多いのです。むしろ、「わかりやすい」という印象だけが残り、私が「わからない」と感じる記述がありません。いつも私は「この本の著者は人間とその心理について、私の知らない

何かを知っているようだ」という期待が持てずにがっかりしています。

人間一般や、自分自身や、自分の大切な人について「わかりやすく解説してくれる本」や「新しい心理療法」は、そうそう存在しないのだと思ったほうがいいかもしれません。

人は時にわかりやすい存在ですが、同時にとてもわかりにくい、深く未知なる存在でもあるからです。

あなたは、自分の配偶者についてどのように理解しているでしょうか。

「うちの夫はそんな深みのある人間ではなくて、単に理解力のないバカじゃないかと思えるんですけど?」

という声が聞こえてきそうですが、それでも、その人なりの「ありのままの姿」があり「ストーリー」があります。それを理解する魔法の方法はなく、私がこれまでやってきた方法は、地道なコミュニケーションという作業です。

夫は発達障害なの？

最近、私の知人やクライエントたちが、

「私の夫は、発達障害じゃないかと思うのですが……」

と口にすることがとても多いのです。

きっと彼女たちは、自分と夫とのわかり合えなさや、思い通りにならない関係に悩み、答えを求めてインターネット上の情報や書籍をあたった結果、そうした一つの「答え」を発見したのでしょう。

思い返せば、私が心理職に興味を持って勉強を始めた１９９０年代前半の頃は、「アダルト・チルドレン（ＡＣ）」という言葉が全盛でした。得体の知れない生きづらさに悩む多くの若者（私を含む）が、「自分はＡＣなんだ」と「答え」を発見することで、そのつらさや問題を乗り越えようとしていました。いつも私たちは、わかりやすい「答え」を探し求めてしまうのです。

その時代に流行《はや》りの「心理学的なワード」が自分や自分の悩みを説明してくれる気がするのはよくわかりますし、的外れとまでは思いません。そうした知識が役に立つこともあります。しかし多くの人が、それだけでは足りない、そうした「知識」を得たところで、問題や悩みはなかなか解決しないということに直面してしまいます。

このようなわけで私は、夫婦と家族の「新しい心理療法」という奇《き》を衒《てら》った方法ではなく、オーソドックスな技法でクライエントの気づきを促す方法を本書にまとめました。

キーワードは「ありのまま」

心理カウンセリングという仕事を四半世紀近くやってきた私が、悩みの解決のために最も必要だと考えるのは、「自分と相手を知ること」です。そこで、出来るかぎり読者の皆さんが「自分（と相手）を知る」こと、そして「ありのままの私とあなた」を知るためのヒントや手掛かりを最大限にご提供したいと考えています。

「これがありのままの自分なんだ」と深く自分を知り、それを肯定的に受容したクライエントは自分の道（やり方）を見つけ、悩みを解消するのです。

プロローグ

夫婦の不和と子どもの虐待

本書では、クライエントたちと私が、一緒に発見してきた夫婦と家族についての多くの大切なことを、読者の皆さんとシェア（分かち合い）をしたいと思います。クライエントの皆さんが私を信頼してくださり、夫婦と家族について私に多くを学ばせてくださったことで、書くことが出来た内容です。

より良い夫婦関係や家族関係のために、この本が皆さんのお役に立てれば幸いですが、心理学的解説より、現代の生身の夫婦像、家族像を描き出すことに注力しました。

第1章に登場する夫婦のケースは、すべて当人たちの許可を得た上で、似た悩みを持っていた同年代の2、3の夫婦をミックスしてストーリー化しました。そのほか、登場するクライエントたちは、モデルとなった当人の許可を得たうえで、すべてフィクション化しています。

第2章、第3章では、第1章でご紹介した夫婦のケースを具体的に解説し、私のカウンセリングの理論的背景と考え方、介入の仕方などを明らかにして、それをもとに読者の皆さんに悩みの解消方法をお伝えします。

技術的には、私は家族療法の「システムズ・アプローチ」という古典的技法を用いています。「システムズ・アプローチ」の歴史は古く、1950年代からあり、現代ではよく知られている「ブリーフセラピー」「ソリューション・フォーカス・アプローチ（解決志向型アプローチ）」などの原型である家族精神療法です。ただし、本書はそれら技法の解説書ではありませんので、一般の読者の皆さんが、自分自身や配偶者や家族について知り、考える時に参考にしていただけそうな要点をまとめました。

夫婦も家族もヘンなもの

当然ながら夫婦や家族は、この本に描いたようなケースがすべてではなく、実に多様です。「コロナ禍」によって気持ちが楽になった、自由になれたという家族がいます。「引きこもり」の子ども（年齢的には子どもとは限りません）のいる家族です。

「引きこもり」がいる家族は世間の目を気にし、一日も早く人並みに自立をさせなければ、とか、人並みの仕事に就かせなければとか、いろいろとばつの悪い思いをして暮らしている家族が多いものです。

ところがコロナ過では「引きこもり」が推奨されれますし、働けないことも当然のような状況になります。すると家族の状況はコロナ前とほとんど変わっていないのに、気持ち的に楽になったので、これまでになく和気あいあいとして深夜に仲良く皆でジョギングをしてみたり、「コロナ過」を満喫して過ごした、という家族の報告もありました。

また、この本ではLGBTQ（セクシュアルマイノリティの総称）に関する悩みを持つ夫婦や家族のケースを扱っていませんが、私はこれまで少数ではありますが、そうしたクライエントとも出会ってきました。

母親に連れてこられた男子高校生だったあるクライエントは、自らのジェンダーに悩んだ末、二十代の時はほとんど女性（トランスジェンダー）として過ごし、三十代になってから男性に戻って結婚をしました。

私は、LGBTQやジェンダー問題にとくに詳しい心理カウンセラーであるとは思わないのですが、ジェンダー問題について意識的であることと、家族や夫婦なんてみんな多かれ少なかれいろいろヘンなものだと思っている偏見のなさが、彼ら彼女らの信頼に繋がったのだろうか、と感じています。

この本の中で「夫は」「男性（の多く）は」「妻は」「女性（の多く）は」などの記述がありますが、現代日本のマジョリティの異性愛夫婦関係の問題点を扱っているものとご理解をいただけましたら幸いです。

実のところ、夫婦や家族について考える時、ジェンダーの問題を避けて通ることは本質的に出来ません。「男として当たり前」「女として当たり前」「夫ならこうあるべき」「妻たるものこうあるべき」「男の子だから」「女の子だから」、こうした発想から、私たちはどれだけ自由でいられるでしょうか。

「私たちは〝普通の夫婦〟だからLGBTQとかそこまで関係ない」と思う人もいるかもしれません。確かにLGBTQは、まだまだこの日本では少数派の問題かもしれませんが、その根幹にある「ジェンダー問題」は誰も避けて通ることは出来ないということも、本書の中では少しですが触れています。

第1章

カウンセリングの現場で──相談者のケース

五十代夫婦のケース①

不倫をやめない夫に悩むA子さん

五十代夫婦で、すでに成人している子どもが2人います。妻のA子さんは、夫より3歳年上の美女です。二十代で知り合い、夫からの熱烈なアタックを受けて結婚しました。

美人のA子さんはモテる女性でしたが、夫のあまりの熱心さに「いつのまにか、他の男性が周りにいなくなっていて、彼と結婚するのが自然に思えた」とのことです。また、年下でもエリートで稼ぎのいい彼に、不安はあまり感じなかったそうです。

ところが、結婚してからの夫は態度が豹変しました。家事も育児も手伝わない、A子さんのやることなすことに文句を言う、A子さんの実家の悪口を言う。いわゆる「モラ夫（モラハラ夫）」です。

それでも、A子さんには離婚ということは考えられませんでした。結婚後、夫の希望でA子さんは仕事を辞めて専業主婦になっているうえ、遠い地方にある実家は裕福とはいえない暮らしのため、頼ることはできないと思ったそうです。

夫は起業して成功し稼ぎがよく、お金には困りませんでしたが、事あるごとに夫はA子さんに「誰のおかげで贅沢ができていると思ってるんだ！」「俺が養っているんだぞ！」「俺ほど稼げる男を見つけられると思うなら、見つけてみろ！」と怒鳴り散らしました。

そんな毎日の中で、A子さんは夫に対してどんどん憎しみが募っていくのを感じていたと言います。

子育てが一段落してからは、A子さんもパート勤務に出たり趣味を充実させるなどして、夫のことを考えないようにしていました。しかしある時、夫の行動に不振を感じたA子さんは、夫が職場の女性と不倫関係にある事実を突き止めました。ショックを受けたA子さんが不倫の証拠を夫に突きつける

と、夫は謝るどころか開き直って、

「お前は妻として、自分に落ち度があるとは思わないのか！」と逆ギレしました。

A子さんは失望し、離婚専門と言われる弁護士事務所へ相談に行きました。2つの弁護士事務所に相談に行ったのですが、いずれの弁護士からも「あなたの夫は稼ぎがいいから、離婚はあなたにとって得策ではない」と言われてしまいました。そう言われて確かにA子さんも、もしも離婚して夫が浮気相手と幸せになり、自分が貧しくみじめな生活になってしまったら嫌だと思ったそうです。

そこでA子さんは、夫に侮辱された思いと、怒りを感じながらも「私も悪かったところを考えてみるから、あなたも心を入れ替えて欲しい」と、夫に歩み寄ろうとしました。しかし夫は「俺に悪いところは一つもない！」と言い、浮気相手と別れた様子もなく、A子さんは「完全に失望した」ということでした。

A子さんが私と会ったのは、夫の不倫問題が終わらないまま2年が経過した頃でした。A子さんは結婚以来、いかに夫がA子さんを言葉で傷つけ続けたか、いかに自分が我慢し続ける日々だったかを、長い時間をかけて語りました。

また、同時にA子さんは、夫が何故こうした「モラ夫」になってしまったのかはわかっているると言い、夫の生育歴を説明してくれました。A子さんによると夫は男二人兄弟で、いつも出来のよい兄と比べられて育ち、心の奥底に劣等感を抱えている人なのだそうです。そのため、彼は「お金を稼げる」ということだけが唯一の人から認めてもらえる自分の能力だと思い込み、それだけを振りかざして人を思い通りにしようとする人間になってしまったのだろう、というのがA子さんによる「夫理解」でした。

攻撃は甘えの表現

しかし話を聴きながら、私は疑問に思いました。A子さんは教養のある、頭のよい女性なのです。夫の心理状態についても、よく理解しているようです。それなのに、なぜ「我慢し続ける」ことしかできなかったのでしょうか。もう少し若いうちに、離婚を視野に入れて再就職するなどの行動はできなかったのでしょうか。

また、弁護士に離婚しないほうが得だと言われたなら、いっそのこと夫のことは人間ではなくATMだと思おう、と気持ちを切り替え、自分も恋人を作ったり、自由にすればよいのではないか、とも思いました。

このように「妻が夫に多大な不満を抱きながらも、その生活から脱出するための具体的な行動を取らない」と感じた私は、「この妻は、実は夫に甘えたい人なのではないか」と考えました。なぜなら人は、心の底から失望し、すでに見放している人について、わざわざお金をかけて何時間も語れるものではないからです。

例えていうなら、子どもは怖すぎる親には悪態をつけないし、甘えることが出来ません。子どもが親に泣いたり喚《わめ》いたり、悪態をつくのは、自分にとって安全な親に対する甘えであるのと同じように、人は、攻撃してもこちらに致命傷を負わせることは決してしない相手に甘える、ということがあるのです（話は少し逸れますが、平身低頭で謝るしかない弱い立場の店員に向かって怒鳴り続ける理不尽な「クレーマー」という種類の人は、満たされていない自分の甘えの欲求を場違いなところで表現している人といえます）。

時に人の甘えの欲求は「自分にとって安全な人」に対する怒りや攻撃として表現されるのです。

A子さんの夫は暴力を振るうことはなく、金銭的・物質的な面ではどんな願いも叶えてくれたそうです（そのことが、「金にモノを言わせている」とA子さんは批判するのですが……）。

お金と愛情は、どちらも人が生きていくうえでとても重要なもので、そのふたつはリンクしていることもあります。家族に対して「贅沢をさせてあげること」が、この夫の唯一の愛情表現なのかもしれません。ですから、夫のモラハラがA子さんへの「甘え」の表現であると同時に、A子さんのほうもお金の面では十分すぎるほどに満たしてくれる夫に対して、無意識的にどこかでまだ愛情を期待をしているからこそ、語り続けるのではないでしょうか。

そしてA子さんの夫は、きっとA子さんのおっしゃる通り、劣等感を心の底に隠している男性なのでしょう。3歳年上の、美人で高嶺の花だったA子さんを射止めた夫ですが、気を抜いて弱みを見せたらA子さんに見下される、と思っていたのかもしれません。威張り散らす男というのは、そのような傾向があります。

「弱い犬ほどよく吠える」ということです。そして、彼はA子さんに自分の能力や存在価値を認めてもらいたくて、一生懸命仕事を頑張っているつもりなのでしょう。しかし、家事育児を手伝わなかったことや、妻の実家をバカにする態度をとったことによって、夫は妻から愛情も尊敬も得られませんでした。そのため、自分の自尊心を底上げしてくれる浮気相手の女性を必要としたのだ、とも考えられます。

この夫婦の「悪循環サイクル」を図にすると次の頁のようになります。

このように「悪循環サイクル」には出口がなく、ぐるぐると同じところを回り続けます。このサイクルから脱出するには、どちらかが関係を断ち切るか、どちらかがサイクルの一部を変更し、異なるコミュニケーション・パターンを生み出すことが必要です。

【A子さんが陥っていた「悪循環サイクル」】

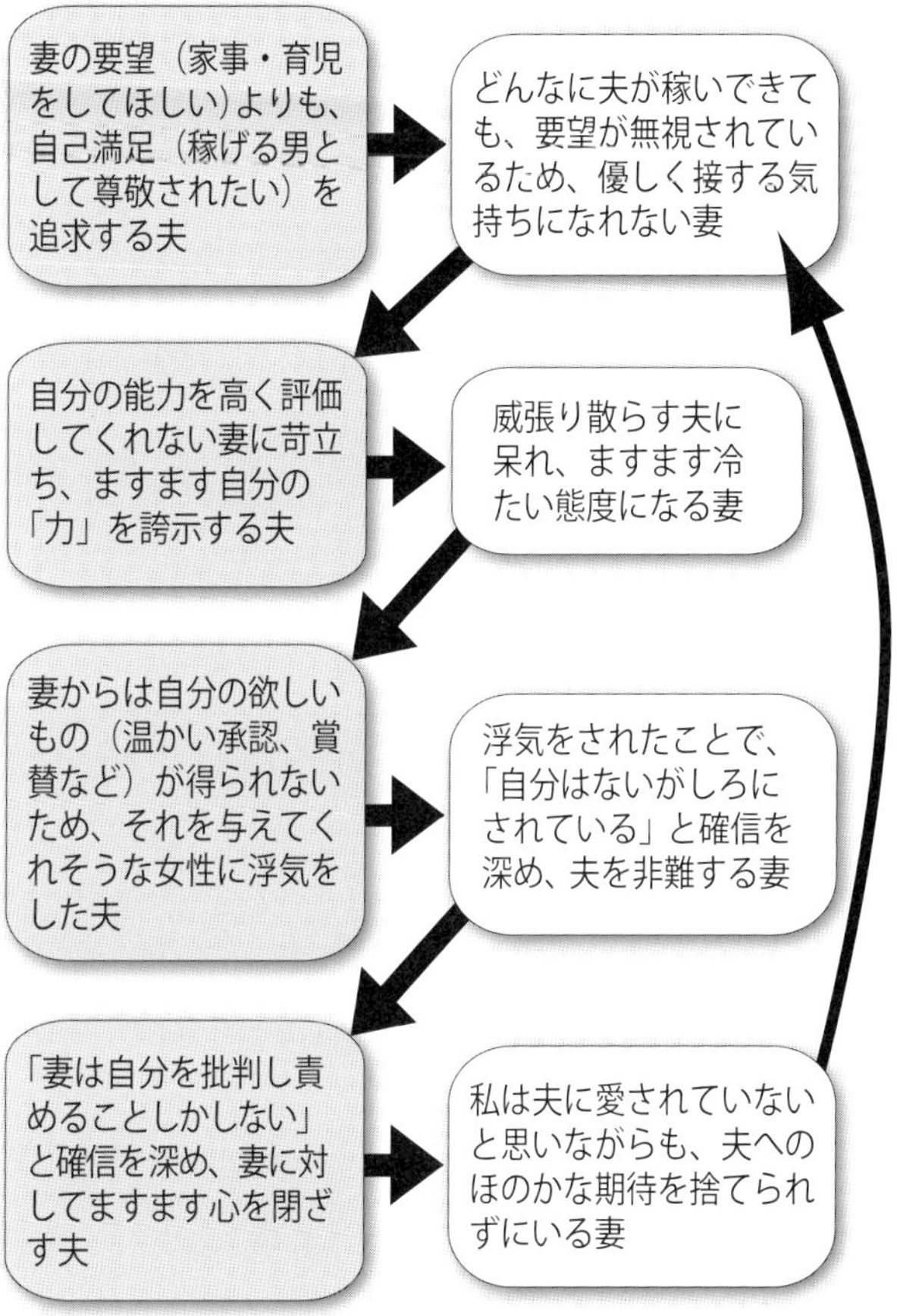
妻の要望（家事・育児をしてほしい）よりも、自己満足（稼げる男として尊敬されたい）を追求する夫
どんなに夫が稼いできても、要望が無視されているため、優しく接する気持ちになれない妻
自分の能力を高く評価してくれない妻に苛立ち、ますます自分の「力」を誇示する夫
威張り散らす夫に呆れ、ますます冷たい態度になる妻
妻からは自分の欲しいもの（温かい承認、賞賛など）が得られないため、それを与えてくれそうな女性に浮気をした夫
浮気をされたことで、「自分はないがしろにされている」と確信を深め、夫を非難する妻
「妻は自分を批判し責めることしかしない」と確信を深め、妻に対してますます心を閉ざす夫
私は夫に愛されていないと思いながらも、夫へのほのかな期待を捨てられずにいる妻

「共依存《きょういそん》」は別れないとダメ？

ところで、このケースのように「夫が浮気をしている」とか、ギャンブル依存などの問題を抱えている場合、「不健康な関係なのにあれこれ理由をつけて別れようとしない妻は共依存症であるから、とにかく離別させることが治療である」というような論調があり、インターネット上で時おり見かけますが、これはとても雑な意見だと思います。

「共依存症」という言葉が１９９０年代以降、一般に広まったことで「私たちは共依存でしょうか？」「別れないとダメですよね？」というご相談、ご質問を受けることがありますが、多くの人が「共依存」という言葉を乱用している（間違った用い方をしている）ようです。

「共依存」は、もともとはアルコール依存症治療の現場から生まれた概念といわれます。依存症の人を治そうとして、逆にますます悪化させてしまう人（イネイブラー・支え手）と依存症者の関係性を指した言葉です。

精神科医の斎藤学先生が、その著書でＡＣ（アダルトチルドレン）という概念を日本に広めた際に、ほぼ同時に広まりました。ここで知っておいてほしいのは、ＡＣも共依存も、医学用語や診断名ではなく、あくまで「当事者たちが自分の生きにくさを説明するために必要とした言葉」であるということです。

人間関係の問題では「あの人の人格がおかしい」「あの人の性格を直さないとダメ」「精神年齢が幼なすぎてダメ」「意志が弱すぎてダメ」など、とかく誰かの「人格・性格の問題」が責められがちになります。しかし多くの場合、人格・性格批判は問題解決になりません。そのような時に、「自分の問題は共依存という問題であり、自分は共依存症者である。自分がそうなったのは、そうならざるを得なかった理由（世代間連鎖・満たされなかった幼少期など生育歴上の心の傷）がある。このことに気づいた今、これまでの経験は無駄ではなかった。今から必要な支援を得て回復することは可能である」と自他に対して説明できることが、当事者たちにとって必要だったのです。

ですから、「あなたたちは共依存なので別れなければダメです」と他人の人間関係について言い放つのは、かなり雑なアドバイスなのです。

ちなみに私は、この共依存にまつわる「別れなければダメ説」の蔓延《まんえん》について、ある時、この言葉を広めた当の斎藤学先生に質問しました。「そういうお話でしたっけ？」と。すると斎藤先生はこうおっしゃいました。

「いや、私はそんなふうに（別れなければダメと）は思ってないし、言ってないはずだ。時代が思ったより早く進みすぎたんだね。私が共依存を言い出した40年前は、愛情なんてまったく残っていないのに、世間体のためだけに離婚しないでいる夫婦ばかりだった。だから確かに、さっさと別れろ！　とは言っていたよ。でも、今ではやたらさっさと別れる夫婦ばかりになったようだね。それはちょっと違うんじゃないかと思う。人間関係は、そんなに簡単に割り切ればいいってものでもないだろう」

「ありのままの自分」に気づく

話をA子さん夫婦に戻します。私は、夫婦間に愛情の片鱗が残っていると思われる場合には、修復の道を模索します。A子さんは離婚したいとばかり言っていますが、前述のように、私はA子さんのその言葉はフェイク（にせもの）ではと疑っており、修復の可能性もあると考えました。そこで以下のことに焦点を当ててA子さんと対話をしました。

・A子さんが、実は「夫に甘えている、または甘えたい」という可能性
・夫が自分を認めて欲しい女性はA子さんであり、浮気相手を愛してはいない可能性
・夫はA子さんから愛情を得られないことで自信を失ってしまったが、その気持ちを隠して意地を張っている可能性

数回のカウンセリングを経ても、A子さんはこれらの可能性についてあまり興味を持ちませんでした。

しかしある日、「夫に心からの謝罪をさせたいから」ということで、夫をカウンセリングに連れてきました。

夫がA子さんからの頼みを聞いて夫婦カウンセリングに来室するという行動自体が、まだA子さんへの気持ちがある証拠に他なりません。心の底から冷え切っている夫婦ならカウンセリングに来る必要がありませんし、相手の要望など無視するでしょう。

A子さんも「自分の気持ちを夫に理解してもらいたい」と期待しているからこそ、なんとしてでも連れてきたのではないでしょうか。本当に離婚することだけを目指している妻であれば、私のところではなく敏腕の離婚弁護士をなんとしてでも探し出し、そちらへ相

談に行くはずです。

さて、カウンセリングにいらしたその夫は、いつも威張り散らしているというA子さんの話のイメージとはかなり違い、どこかオドオドとしていて、威張る気配も虚勢を張る気配もなく、小さくなってソファに座っていました。

呼ばれたので来ましたけど、話したいことはとくにありませんと言いたげに、自己紹介した後は黙りこくっていました。そこで、私からこれまでのA子さんのカウンセリングの内容についてほとんど包み隠さずに話した上で、

「A子さんについて、今はどんなふうに思っていらっしゃいますか?」

と尋ねてみました。すると夫は、

「いつからか、A子のことを苦手に感じるようになったんです」

と、小さな声で言いました。

「A子のことが苦手になった」とか、「愛情がなくなった」――この言い回しを夫は何回か使いましたが、一度も「嫌いになった」という言い方はしませんでした。

それで私は、彼はまだA子さんを愛しているが、A子さんから愛されるという自信を失っているだけだという推測に自信を持ち、一つ積極的に「仕掛ける」対話を試みました。

「仕掛ける」というのは、カウンセリングの中で意図的に大きな変化を起こすため、少しアグレッシブな対話を試みることです。私は、急にわざと手のひらを返したように夫の味方になり、A子さんには共感せず意図的に追い込むということをしました。

私は離婚して自立している女性として自己紹介し、仕事の話などで夫と共感的に対話し、A子さんを「仲間外れ」にするような雰囲気を意図的に醸《かも》し出しました。私がこうして夫と談笑するとなると、A子さんはそれ以上夫への恨みつらみを言い続けることが出来なくなり、私の意図通り、ストレスを感じているのが伝わってきました。

そしてA子さんは、別の「何か」を言わなければならなくなりました。

そしてついにA子さんが突然、声を震わせて涙を流し、

「これは、誰にも絶対に言わないつもりだったけど！」

と、自分の真実を語り始めました。

その内容は、被虐待児であった子ども時代の凄惨な思い出でした。その過酷な生育歴は、私とのこれまでのカウンセリングでは一切語られなかった内容でした。

「だから、私は実家に帰れないの！　貧しいというだけでさんざんバカにされたから、こんなこと絶対にあなたに言えないと思った。これ以上あなたにバカにされるとか、見下

されるのが嫌で話せなかった！　虐待家庭で育ったなんて、一生誰にも言わないつもりだった！」

と、叫ぶように告白しました。

これが、A子さんの「夫に本当に受け入れてほしかった、ありのままの自分」だったのだとわかりました。被虐待児であった自分を見下さないでほしい、生き抜いてきた自分を温かく受け止めて欲しい、ということが言いたくても言えなかったのです。そしてそれが「言えないでいる自分」ということすら忘れていたのです。

人は、「ほんとうの自分・ありのままの自分」を抑圧すると、身動きが取れなくなります。「ありのままの自分」を抑圧して表面的な別の努力をしようとしても（A子さんの場合は離婚する努力）、なぜかそれはエネルギーが湧かないという状態に陥ります。おそらく、抑圧することに多大なエネルギーを使っているので、別のことをするところにまでエネルギーが回らないのでしょう。

A子さんのこの告白を聴いて、私のそれまでのA子さんへの疑問「頭のよい女性なのにどうして、不満を言うだけで行動出来ないのか」ということに、「ああ、それを隠していたからだったんだ」と納得ができました。
A子さんはこの後の個人カウンセリングで、被虐待児だった自分を癒す作業をしていくことになりましたが、それはここでの主題から外れるので省きましょう。

そして、A子さんの衝撃の告白を黙って聴いていた夫は、しばらくは無表情のようでしたが、私が語り掛けると急に涙をぽろぽろと流しました。言葉なく涙を流すだけでしたので、言葉にしてくださいと言うと「そんな可哀想なことがあったなんて」と、ひと言だけ言いました。

A子さんの方は泣き止んで、無表情で夫を見ていました。そのまま二人は言葉を交わすことなくカウンセリング

を終えました。

その後、不思議な変化がこの夫婦に起きました。カウンセリングの翌日・翌々日と、二日続けて夫が仕事終わりに「急な腹痛」に襲われ、いつもよりかなり早く帰宅したそうです。劇的に玄関に倒れ込んだ夫を、A子さんが車で病院に運びましたが、検査をしてもどこにも異常はなく、二日目には医者に呆れられたそうです。

A子さんによれば、夫は車を運転して家に帰ってきたので、そんなにお腹が痛かったのなら自分で病院に直行すればよかったものを、どうしてわざわざ家に帰って私に送ってもらおうとしたのか不思議だった、とのことです。

私にしてみれば、夫がA子さんを必要としている、あるいはA子さんとの距離を縮めようとしているのがわかりやすく伝わるエピソードでした。そうA子さんに伝えると、

「私と和解するためですか？　まったく、なんて不器用な人なんでしょうね……というか、お互いに不器用ですね、どうしても意地を張りたくなる性格なんでしょうかね、お互いに……」

と笑いながら、まんざら嫌でもなさそうでした。いつも「強い男」を演じていた夫は、

腹痛という肉体的なことでしか自分の弱さを妻に見せることが出来ない人なのかもしれません。

それから「また腹痛が起きそうだから」と夫は以前より早く帰宅するようになりました。その後、不倫相手の家には、行かなくなったようです。だからといって夫婦仲が劇的によくなった、ということでもないようでしたが、A子さんの離婚に向けての努力はどこかへ消えてしまいました。

あの夫婦カウンセリングでの夫の涙が「ありのままのA子さん」を受容したサインとして、A子さんの心に届いたからだろうと思います。

このケースは、お互いに心を閉ざした「悪循環サイクル」だったコミュニケーション・パターンに、妻が勇気を出して「自分のありのままの気持ち」を伝えるコミュニケーションを投入したことにより、それを夫が受容する（涙を流した）という変化が生じ、サイクル全体に変化が生じた例といえます。

四十代夫婦のケース②

なんとなく夫にいら立つB子さん

夫婦間コミュニケーションの「悪循環サイクル」に気づき、自ら意識的に変更できたケースもあります。

B子さんは、もともと母親との関係改善を目的にカウンセリングにきていた四十代の女性です。自分が母親から誤解されがちで、兄弟姉妹の中で一番「母親と気が合わない子」として育ち、今も母とのコミュニケーションが難しいということでした。

ところがコロナ禍になってから、B子さんの悩みの対象は母親よりも夫が浮上するようになりました。夫婦は四十代、中高校生の2人の子どもがいます。B子さんはコロナ自粛の期間にパート勤務の仕事を辞めて時間が出来たため、とある資格試験のための勉強を自宅ですることにしました。

夫はテレワークで在宅の時間が多くなりました。コロナ禍によって夫婦が顔を合わせる時間が増え、B子さんはあることに気づきました。最初は気のせいかなと思ったそうですが、どうも夫は、B子さんが資格の勉強をしていると不機嫌になるのです。一度は、ダイニングテーブルの上に置いていたテキストを夫がパラパラとめくり、内容を批判するようなことも口にしたそうです。

B子さんはこうした夫の態度を不快に思い、

「ねえ、私がこの資格を取るのが気に入らないの？」

と尋ねてみましたが、夫は、

「そんなこと思ってないよ」

と無表情に言うだけでした。

しかしB子さんは、やはり夫の態度はどうもおかしいと感じました。それに、家事や子育てもこなしながら資格試験の勉強をするという向上心のある前向きな行動を、夫からひと言も褒めてもらえないことがB子さんには不満でした。

「ご主人には、なんと言ってほしいですか？」と私が尋ねると、

「資格を取るって、向上心があっていいよね。頑張っているね、と言ってもらいたい」

とB子さんは言いました。

一番身近な家族に、自分が頑張っていることを認めてもらいたいと思うのは、ごく当然のことです。

そこで私は、それをそのままご主人にお伝えすることをB子さんに提案しました。

「私ね、資格を取るために勉強しているのは、誰のためでもなく自分のためなんだけど、頑張っているね、努力してるね、って、あなたに褒めてもらいたいなって思ってる自分に気づいたの」

そんなふうに、伝えてみるといいでしょう。このように自分の気持ちを素直に、自分を主語にして伝える表現を「**アサーティブなコミュニケーション**」と言います。

逆に夫婦間のコミュニケーションでよくやりがちな間違いは、相手を主語にして批判してしまうことです。例えば、

「あなたって私が資格の勉強をしていると機嫌が悪くなるわよね。なんでなの？　そういうのやめてほしいわ！」

というように、相手を主語にして自分の不快な気持ちを伝えてしまうと、相手はますま

す不機嫌になってしまうでしょう。

そうではなく、自分を主語に、自分が何を望んでいるかを伝えることです。そうした伝え方を**アサーティブな自己表現**といい、相手が受け取りやすく、うまくいくコミュニケーションになりやすいのです。

B子さんはさっそくアサーティブに、夫に褒めてほしい自分の気持ちを伝えてみました。そしてさらに、「時々あなたが不機嫌になるように私には見えるけれども、私の気にしすぎなのかしら？」と、自分を主語にして尋ねてみました。

すると夫から、まったく思いもよらない答えが返ってきました。

「キミが努力しているのを見ると、自分が怠けていることをなんとなく批判されてるように感じて、居づらくなるんだ」

あまりに予想外すぎる夫の言葉にB子さんは大変驚き、ちゃんと尋ねてみてよかったと思ったそうです。もちろん、夫の完全なる「被害妄想」ですので、まったくお互いの気持ちがわかっていなかったね、と笑い合ったそうです。

長引く問題にはメリットが隠されている

ところが、コロナ禍から端を発したB子さんの「夫への不満」はこれで終わりませんでした。もともとB子さんの夫は細かい事を気にしないおおらかな性格なのですが、B子さんがケガをしても「命に別状はないから」とあまり心配しなかったり、子どものことでB子さんが悩んでいても聞き流していたり、という態度にB子さんの不満が募ってきました。

さらに、B子さんは「最近、思い出さなくていい事を思い出して鬱《うつ》になります」と言い出しました。

実は、4年前に夫が一度だけ浮気をしたことがあり、それを知ったB子さんが心のバランスを崩したことがありました。当時、B子さんの苦悩を目の当たりにした夫は改心し、二度と浮気はしないと誓い、B子さんの心の傷を癒すためにあらゆる努力をしてくれたため、B子さんは夫を再び信じることが出来るようになったそうです。

ところが「もう4年も前のことだし、終わったことなのに」と言いながら、「最近、またそれを思い出してしまって苦しい」と、B子さんは訴えます。

「実は、まだ傷が癒えていなかったということでしょうか？」と、B子さんは私に尋ねましたが、私はおそらくその問題は終わっている（解決している）のだが、B子さんが思い出す必要があって思い出したのだと考えました。

システムズ・アプローチの考え方の一つに「**問題が持続する時は、問題にメリットが隠されている**」というものがあります。人は、自分にとって本当にデメリットしかない事や、不快でしかない状況には長く留まることが出来ないものです。

思い出に浸ることもそうです。思い出すことにデメリットしかない場合、人はそれを思い出しません。思い出さない、あるいは忘却するというのは、その経験と記憶が自分にとって不利益であり、不必要だからなのです。これを心理学の用語では「**抑圧**」と呼び、人の心の正常な働きです。

もしも自分にとって苦痛なことや不快でしかない記憶を正常に「抑圧」出来なければ、人は気が狂ってしまうでしょう（抑圧すべきでない感情などを「無理に抑圧する」ことは、ここでは別の話です）。ですから、B子さんがすでに解決したはずの「思い出さなくていい記憶」をわざわざ思い出すという「問題」は、その問題を抱え続けることに何らかのメリットが隠されている可能性がある、と私は考えたのです。

するとB子さんは、最近の日常の夫への不満感と、浮気の記憶に関連があることに気づきました。

「私が夫の浮気を思い出すことにメリットがあるということがわかりました。夫は、私が苦しんでいた時、ものすごく私の気持ちに敏感になって、気にかけてくれてたんです。それが、問題がなくなったらこんなにも何も気にかけてくれないのね！　って私は怒っているんですね。夫は今でも、私がワイドショーで芸能人の浮気の話を見たりして、思い出してつらくなっちゃったって言うと、すごく申し訳なさそうに気遣ってくれるんです。だから、まだ問題は解決していなかったってことにすれば、また夫に気にかけてもらえるんだというメリットがあるんですね。そういうことかぁ、人間の心理って面白いですね」

【B子さんが陥りそうだった「悪循環サイクル」】

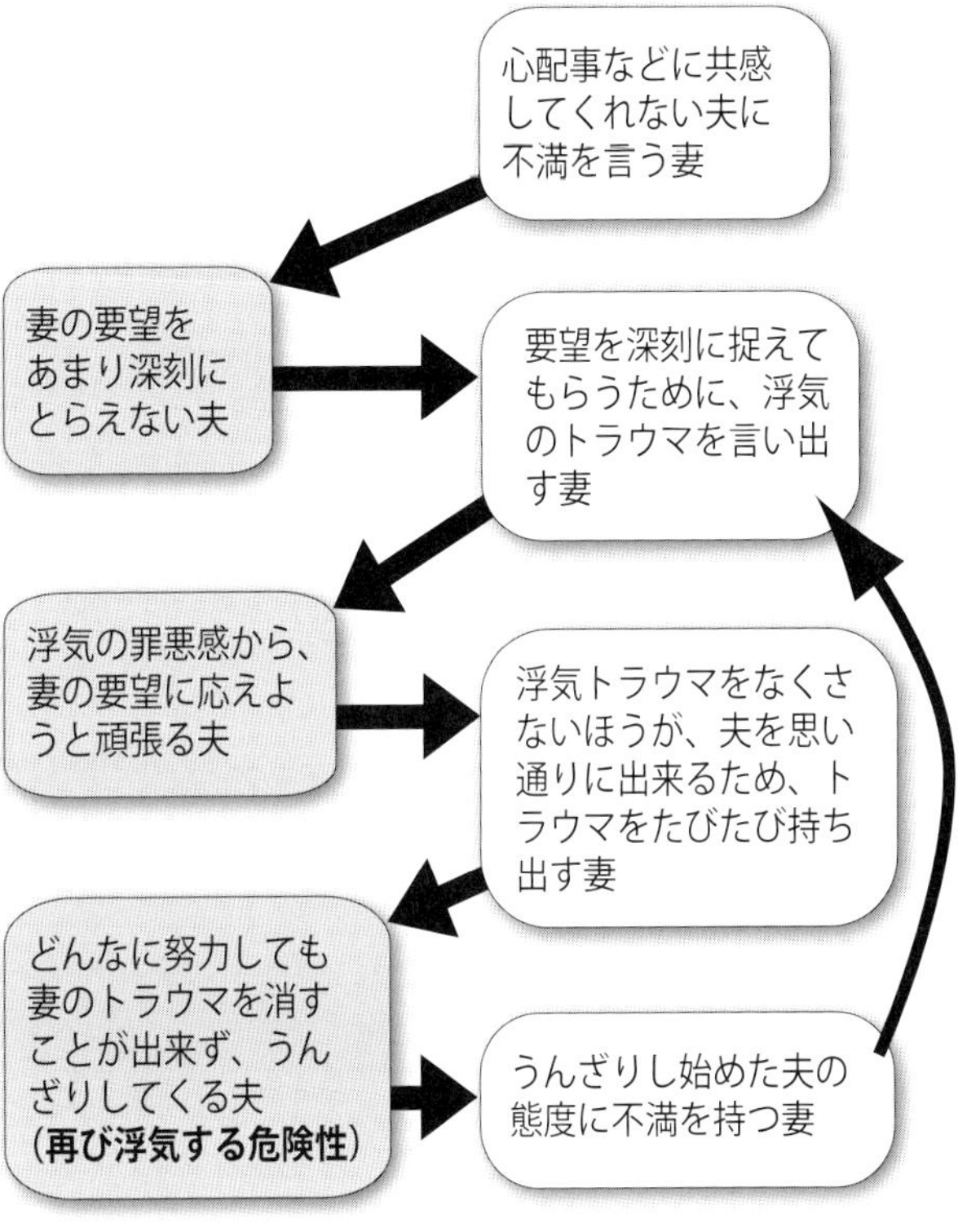

自分の心のからくりがわかっただけでかなり気持ちが楽になった、とB子さんは言いました。そして「自分は夫にもっと気遣ってほしいとすごく願っているんだ」と気づきました。もしも、B子さんがこのような自分の「本当の望み」に気づかないまま夫とコミュニケーションを続けていたら、「悪循環サイクル」にはまり込み、夫婦関係は悪化し、もしかしたら再び夫の浮気を招いてしまったかもしれません。

「男らしさ」と「女らしさ」から生まれる夫婦のすれ違い

B子さんのように「夫に共感能力が足りない」と不満を持つ女性は多いですが、総じて共感能力は女性のほうが高いといわれます。このことについて、生物学的な女性と男性の違いや脳の作りの違いから説明する人もいますが、私は社会的な学習の結果だと考えています。

男性は「男らしさ（男性性）」を身につけること、つまり「男らしくある」ことを強く意識して成長します。あるいはそのような価値観の中で育てられます。

他者の気持ちに敏感であることや、共感的であることとは、一般的に「男らしさ」の属性ではなく、「女らしさ（女性性）」のほうに属すると考えられているため、男性はそうした能力を軽視しがちになります。

また、男性にとって職場などの社会的な場で評価される能力（リーダーシップ・決断力・実行力・問題解決力など）と、恋愛の場で女性から求められる能力はイコールだと考えられがちです。これは明らかに誤解なのですが、多くの男性は、女性性を身につけることなど、ほとんど無視して生きているといえます。

一方で、現代の女性は「女らしさ（女性性）」と「男らしさ（男性性）」の両方を身につけることを意識しながら成長します。現代の女性は、必ずしも古典的な「女らしさ」だけを求められているのではなく、男性と対等に仕事などで実績を上げる能力も同じように求められているといえます。

それでも「女らしさ」がなければ男性から愛されない、と女性は考えるでしょう。「女らしさ」とは、例えば世話（ケア）をする能力、受容する能力、共感能力、支える能力などです。

現代女性は「女らしさ」と「男らしさ」の両方を生きているので、相手にも両方の能力を求めたくなるのは当然ともいえるでしょう。しかし、「女性性」のほうがまったく学習できていない男性と結ばれてしまうと、不満の多い日常になってしまうのだと思います。さらには、夫に共感能力が足りないことを「私を愛していない」と誤解してしまう致命的なすれ違いが起きることにもなります。

しかし、それは社会的な学習の結果ですので、男性は「共感能力がない」のではなく、学習すればよいだけです。昨今では、メンタルヘルス・ケアの重要性も職場などで盛んに言われるようになってきましたので、部下の話を共感的に聴く能力が上司に求められる、という場面も増えてきています。男性はこれからの時代、女性と同じように「男性性」と「女性性」の両方を身につける人が増えてくるかもしれません。

「私が甘えられるのは、あなただけ」

話をB子さんに戻しましょう。

B子さんは、このように自分の心を私に打ち明けてきました。

「自分の心のメカニズムはわかったし、夫が浮気を心底から反省していることも、私を愛していないわけではなくて共感能力が足りないだけだということも理解できました。それでも、夫のふとしたテキトーな物言いにふつふつと怒りが沸き上がって、嫌味を言ってしまったり、イライラしてしまうのはどうしたらいいのでしょう？」

B子さん自身、夫にネガティブなことばかり言いたくなる自分が嫌だと感じていました。

私は、そもそもB子さんがカウンセリングに来たのは、幼少期からの母親との関係に悩んでいたからだったこととの関連を考えました。

B子さんも、前述のA子さんと同様（36頁参照）、親に甘え足りなかった分を夫に甘えたいのではないでしょうか。コロナ以前よりも夫との物理的・心理的距離が近くなり、母親とは物理的に遠くなったために、母親本人に向かっていた愛着や欲求がすべて夫に向かった、と考えられました。

そこでB子さんは、またアサーティブに自分の本心を夫に伝えることにしました。

「最近いつもあなたに文句ばっかり言ってしまうようで、ごめんね。たぶん私は、あなたに甘えてるんだと思うの。大人になった今となっては、私が甘えられる相手はもう、あなたしかいないから。私がぷりぷりしていたら、あぁまた甘えているんだな、って思ってくれない？」

このように伝えることで、夫が「いつも妻から批判ばかりされる。妻は自分に満足してくれない」と誤解してしまうことを防ぐことが出来ました。

「ありのままの自分」を表現すれば、夫婦間コミュニケーションは改善する

A子さん、B子さんが、自分でも気づいていなかった「ありのままの自分」は、幼少期に親からの愛が足りなかった自分、もっと親に甘えたかった自分でした。こうした、自分の中の「癒しを求める子ども」を**インナー・チャイルド**と呼ぶ人もいます。

どんな親も人間である以上、子どもにとって完璧な愛情を注ぐことは不可能です。その

ため、多かれ少なかれ、私たちは心に傷を負って育っています。

私は「ありのままの自分」というのは、「**自分の心の傷についてよく知っており、それをありのままに表現することが出来る自分。心の傷も含めた自分の個性を認めることが出来る自分**」のことだと考えています。

心の傷を相手かまわず垂れ流すのもダメですし、逆に、隠しておかなければいけないと頑《かたく》なに思い込むのもダメです。心の傷を自分の個性や魅力として表現できるようになるには、心の成長と自尊心の回復が必要です。

「ありのままの自分」の心の傷が比較的浅い人の場合は、それは日頃「コンプレックス」とか、ぼんやりとした「自信のなさ」「劣等感」といった感覚で感じられているかもしれません。

心の傷が深い場合は、**AC（アダルト・チルドレン）**という概念でその苦しさを説明することが必要になったり、摂食障害、その他の精神疾患患者として苦しさを表現し、治療を必要としたりということがあります。しかし医療機関で治療されるよりも、ごく普通の夫婦関係という親密な関係性によって、その心の傷が癒されていくことが多くあると私は経験から実感しています。

私はまた、ＡＤＨＤ（注意欠如・多動症）などの発達障害傾向で生きにくさを訴える人々も、親密な関係性を持てたことによってその症状がほとんど目立たなくなる、という例も見てきました。

「システムズ・アプローチによる家族システム」という考え方

当然のことながら、夫婦はまったく違う固有の習慣、ルール・コミュニケーションスタイルを持つそれぞれの原家族（自分が生まれた家族）という家族システムから離れて、新しい家族を作ります。それはストレスの連続になる作業を伴います。夫婦はさまざまな誤解や思い込みに折り合いをつけて――ある意味、お互いに妥協して――、自分たちの家族システムを作ります。
それぞれの持つ「心の傷」が比較的浅い夫婦の場合、そうした作業はごく自然になされていくのかもしれません。しかし、どちらかの「心の傷」が深かったり、自分の「心の傷」

をなかったことのように抑圧していたりすると、結婚生活の破綻《はたん》を招きかねない大きなすれ違いが生じてきます。なぜなら、自分でも自分の「ありのまま」を認めないまま、あるいはよくわからないままコミュニケーションしているので、配偶者からすると「相手はきっとこうなのだろう」「こう思っているのだろう」と推測してもすべて的外れになってしまうからです。

「何を考えているのか、あの人はどうしてそうなるのか（どうしてそんなことで急に怒るのかなど）皆目わかりません。私はもう疲れてしまいました」ということにもなってしまいます。

もしも、夫婦が互いの「ありのままの自分」を相手に伝えることが出来ていれば、互いの「心の傷」について知っていれば、そうした不幸なすれ違いを避けることが容易になるでしょう。つまり夫婦関係を改善するためには、何よりまず自分自身が「ありのままの自分」を知ることが大切です。そして配偶者に対して「素《す》の自分を出す」勇気が重要になってくるのです。

B子さんの場合、夫に不満を言いつつも「なぜなら私はあなたに甘えたいのです」と、「ありのままの自分」を伝えることで、夫婦間コミュニケーションが悪循環サイクルに陥ることを防ぐことができました。

自分の悩みを語らない男性たち

カウンセリングに訪れるクライエントは、基本的に女性が多いのが現状です。私がこの本に挙げるケースも、妻や娘の立場の女性クライエントを中心に紹介しています。男性がカウンセリングをあまり利用しない理由のひとつは、男性が女性よりも「人に助けを求めること」に抵抗を感じるからでしょう。

このことはさまざまな統計結果にも表れています。日本ではうつ病患者は女性が多く、自殺者は男性のほうが2倍以上います。この男女差の傾向は、全世界的に共通と言われて久しいです。

つまり女性はつらい時に他者に助けを求めるので、医療機関やカウンセリングに足を運びますが、男性は「男らしさ」の呪縛――弱音を吐くのは男らしくない――により、うつ病になっているのに受診もせず、人に弱音を吐けずに最終的に自殺を選ぶというわけです。

もうひとつの男性がカウンセリングに来にくい理由——これは統計的な結論ではなく私の見解ですが——対話というコミュニケーションによって、問題が解決するということを多くの男性は信じられないのではないか、ということです。

これも結局「男らしさ」の呪縛なわけですが、問題というのは何らかの「能力」によって解決するものだと考えており、コミュニケーションなどという曖昧模糊《あいまいもこ》としたものでなんとかなると言われても、ピンとこないのではないでしょうか。

一方、女性はコミュニケーションの重要性を日々痛感しながら生きているので、カウンセリングに馴染みやすいのではないかと思います。

六十代夫婦のケース③

成功者のCさんと優秀すぎる妻、「ニート」の息子

夫の立場でカウンセリングを訪れる数少ない男性は、不登校、引きこもりなど、子ども（年齢は成人のことも多い）がなんらかの問題を抱えている場合が多くみられます。

他人に弱みを見せることが嫌いな男性たちは、自分が問題を抱えているというより「子どもが問題を抱えている」と考えたいのかもしれません。

六十代男性のCさんは、成人している2人の子どもがいます。第一子である長女は独立していますが、二十代の息子が「ニートになっているので、なんとかしたい」と相談にきました。

Cさんは見るからに富裕層らしい身なりで、明るく朗らかな男性です。息子は芸術系の大学を中退し、その後の進路を見つけられないでいると語り、Cさん自身は地元の偏差値トップの高校、国立大学を卒業して一流企業に就職し、その後独立して、たいした苦労も

なく、自分のやりたいようにやって成功してきたという自己紹介をしました。

「妻は、私の存在が息子にプレッシャーを与えているみたいなことを言うんですけど、私は息子には自分の好きなことを自由にやれと言って育てました。プレッシャーをかけたことなんて一度もないはずですよ」と主張します。

また、妻は若い時から不眠症気味で睡眠薬を服用していた期間がある、ということや「精神的に不安定だった時期がある」など、妻に問題があるかのような話しぶりでした。

子どもの問題で来談する親は誰でも「あなたが悪い」と責められることを恐れています。もちろんそのように短絡的に、目の前にいる親の過失を暴いて責めるようなカウンセリングはありえないのですが、クライエントが自分を守りたくなる心理はあって当然です。しかしそうだとしても、子どもの問題で来談する女性クライエントのほとんどは、自分が何かを間違えていたのではないか、と自分の落ち度を考えてきます。あるいは、問題は今始まったことではなく、子育てに非常に苦労してきたということを語ることも多いものです。

私はCさんが、カウンセリング開始から早い段階で自ら「輝かしい自己紹介」をしたこと、加えて「妻の問題」を語るあたりにCさんの弱さを感じました。この場合の弱さというのは、自己批判する力の弱さのことです。

昨今では、「自己肯定感」の大切さばかりが取り上げられ、自己否定、ないし自己批判はいらないもののように思われがちですが、そんなことはありません。真に高い自尊心を持つ人（自己肯定感が高い人、と言い表してもほぼ同義です）は、自己否定する力も持っています。現状の自分を否定し、新しい自分になる力ということだからです。

「私には問題がないが、息子と妻に問題があるようだ」――これは少し無理のある状況説明だなと感じられました。

「子どもの問題」は夫婦間のコミュニケーション不和の象徴

そうはいっても、私は妻と同じく「この父親の素晴らしすぎる経歴のせいで息子がニート（という名の親にとって望ましくない状態）になった」と考えるわけではありません。

私が行っている家族療法のシステムズ・アプローチでは、子どもが問題や症状を出す場合、夫婦間コミュニケーションに問題があると考えるのが基本セオリーです。なぜなら子どもというのは、自分が育《はぐく》まれる場である家庭が崩壊することを本能的に防ごうとするからです。

子どもは、親が幸せであることをいつも願っています。そのため、夫婦間（両親）に不和がある時、自分（子ども）が問題を発すると両親が一致団結して子どもの問題の解決に取り組むようになるため、夫婦間の不和を一時棚上げし、家庭内が安定するという「一時的な効果」がもたらされるのです。

あるいは、夫婦間の緊張関係が強くなり過ぎた時に、子どもは自分が問題を起こすことで、外部に〝SOS〟を発するとも考えられます。子どもが問題を発することで、両親は家族外の専門家を頼らざるをえなくなるわけですが、実は子どもは、外部の専門家が自分の両親の危機を救ってくれることを無意識的にもくろんでいるのです。

ですから私は、この二十代の息子がどのような両親の問題を、私という「外部の専門家」に託そうとしているのか、という視点から注意深く探っていきました。

少なくとも「我が人生に一点の曇りなし」と言いたげな誇り高い父親をカウンセラーの

前に座らせるほどの強いエネルギーで、息子は問題提起をしたわけです。私は、この父親の立派な姿は「ありのままのCさん」ではないのかもしれないと推測しました。

ある日、「夫が仕事で来られないので代わりに来ました」と言って妻が来談しました。妻は息子の問題についてCさんとは真逆の態度で、

「息子がこうなったのは、私が原因かもしれない」

と、沈んだ声で言いました。

どういうことかというと、私が「子どもは親のことが心配で家を離れないということもありますよ」と言ったところ、1、2年前の出来事を思い出したと言います。

それは、「お母さん、幸せ?」と息子が急に訊いてきたと言うのです。

息子が感じた母の苦しみ

Cさんの妻は、Cさんの片腕として事業の運営に携わってきましたが、六十代になって

からは相談役として一線を退いています。Cさんと妻は大学時代に交際を始め、Cさんが勤め先を退職して起業するとなった二十代には「そうすることが当然のように」Cさんを支え、まだ貧困の中で結婚し、二人で事業を成功させることに邁進《まいしん》してきました。

妻は仕事と家事育児をこなし、Cさんは妻のおかげで仕事だけに専念できる環境が整っていました。妻は、Cさんが実はつらい子ども時代があったために強いコンプレックスを抱えている男性であるということを理解しており、Cさんが実現したい目標もわかっていました。ですので、妻はCさんを支えることに何の疑問も持っていないつもりでしたが、息子の目から見ると、そんな母親は父親に大切にされておらず、不幸そうに見えたのです。

Cさんは家の中では大変に気難しく、妻と子どもたちは「ネガティブな話題」が一切できなかったそうです。ネガティブな話題と言っても、例えば「今日、飲食店でうるさいクレーマーがいたのよ」というような、ほんの些細な日常会話なのですが「そんな不愉快な話を俺に聞かせるな！」と吐き捨てるように言ってCさんは書斎に籠《こも》ってしまうのです。食卓に取り残されてしょんぼりしている母親を子どもたちが慰めてくれたそうです。

Cさんの妻は、決して自分の意見が言えない気の弱い女性というわけではなく、複数の国家資格を持ち、職場ではリーダーシップを発揮する才女です。妻はCさんの繊細さがわかるからこそ自分が我慢し、もっと自分が人間的に成長することでうまくやっていけるはずと考えていました。

しかし、「夫は世にいうモラハラ夫ということだろうか」「もしかしたら私は夫を甘やかしていただけだったかもしれない」と徐々に感じるようにもなってきていました。

「引きこもり」は親のことが心配だから

成人した子どもがうまく巣立っていかないと、親は「愛情が足りなかったのか」「育て方を間違えたのか」と悩むことが多いものですが、必ずしも愛情の問題ではないことがあります。

夫婦が仕事に没頭していられる間は、夫婦間のコミュニケーションの問題は目立たず、一見問題がないかのように時が過ぎていくことがあります。しかし現役から退き、いわゆる「老後」と呼ばれるような年代にさしかかると、夫婦で過ごす時間やプライベートを楽しむ時間が長くなり、一気に深刻な夫婦間コミュニケーションの問題が浮上することがあります。

二十代の息子は「父と母をこのまま残して自分が自立してしまって大丈夫だろうか」と無意識に親を心配しており、自分が「出来の悪い息子」で親を煩《わずら》わせているほうが、夫婦が自分たちの真の問題から目を逸《そ》らせていられて幸せだ、というふうに「親孝行」していると考えることも出来ます。もちろん、すべては無意識的な思考であり、子ども本人がそのように言葉で説明することはありません。

Cさん夫妻が2人一緒に来談することはなく、息子もこれといって大きな問題を起こすわけではないので、相談はゆっくりとしたペースでした。しかしある時、妻が「なるべく早く相談させてほしい」と切羽詰まった様子で予約を入れました。

話しを聴くと、夫と言い争いになり、生まれて初めて「死ね」と言われた、とのことでした。ここ最近、Cさんの傍若無人《ぼうじゃくぶじん》ぶりがエスカレートしてきているように思え、私はもう耐えることが嫌になったが、ここから先はどう夫に向き合えばいいのかわからない、と妻は狼狽《ろうばい》していました。

私は、ついに「息子のモラトリアム」という表面上の問題から離れて夫婦の真の問題に取り組む時がきた、と思いました。妻自身も、

「今回は、うやむやに仲直りするのは嫌です。何かを変えなくては、2人でこの先一緒に生きていくのは無理だと思います」

と言い、Cさんと距離をとるため実家である兄夫婦の家にしばらくの間居候《いそうろう》することに決めました。そして、Cさんとは主にメールでコミュニケーションをとることにしました。

私は、妻がCさんに対して「ありのままの正直な思い」を伝え、この先一緒に生きていくためにどうして欲しいかという要望をアサーティブに伝えられるように支援しました。

このように長年くすぶり続けていた夫婦間コミュニケーションの問題が完全に表面化した時というのは、とても重要なシステム変更のチャンスです。しかし強い緊張状態の夫婦が、2人きりで対面して話すと、売り言葉に買い言葉になってしまったり、「ありのままの思い」を伝えられずに誤解だらけのまま決裂してしまったり、という不幸な結果になりかねません。この場合、メールというツールを使った「冷静なコミュニケーション」はよい結果につながることがあります。

妻は、以下のことを長いメールでCさんに伝えました。

・これまでCさんの言動や振舞いに我慢し続けてきたこと
・Cさんを自分なりに理解し支えてきたつもりだが、まったく感謝されていない気がすること
・すぐに別れたいとは思っておらず、Cさんに変わってほしいと思っていること
・何気ない日常会話を、気兼ねなく出来る対等な関係になりたいと思っていること

妻がこうした思いと要望を伝えると、Cさんからはもっと長いメールが送られてきました。その内容は以下のようなことでした。

・自分が弱い男であること
・妻に優しくしてほしいということ
・自分の欠点はよくわかっているということ
・自分が変わる努力をするので、時間がかかっても見守ってほしいということ

Cさんからのメールには、妻の欠点を指摘するような文言は一切ありませんでした。

メールの中のCさんは、私の前に座った余裕ある「成功者」とはまったく違った男性でした。妻が本気で去ってしまうかもしれない不安におびえ、自分の妻への甘えを認め、心

からの和解を願う内容になっていました。Cさんにとって、妻は唯一のかけがえのない女性であり、妻がいなければ生きていけないと感じていたのだと思います。これが「ありのままのCさん」だったのでしょう。

しかし、Cさんが弱い自分を妻に正直に見せたからといって、30年以上にもわたる夫婦間の蓄積したすれ違いともなれば、すぐに氷解するわけではありません。妻は「殊勝な言葉にほだされて戻ったら、あっという間に元の夫に戻るのでは」と警戒していました。

そこで、週に2回程度家に帰ってみるなどして様子を見ることにしました。Cさんは少しぎくしゃくとしながらも、約束した通りの努力をしているようでした。それで徐々に自宅で過ごす日数を妻は増やしていきましたが、Cさんの言動や行動に疑問を感じた時には、兄夫婦宅へ戻り、メールでCさんに感じた疑問を伝えるという方法で、夫婦のコミュ

ニケーション・システムを是正する作業を続けました。妻からのメールに対して、Cさんは感情的にならず、いつも真摯《しんし》に返信しました。

私は、妻がCさんに対して懐疑的になりすぎないように、Cさんにとっては妻が唯一の女性であること、Cさんは妻の高すぎる職務遂行能力に圧倒されてコンプレックスが刺激され、卑屈になっていた可能性があること、Cさんは心の奥底で妻に感謝してもしきれないくらいに感謝しているはずだ、ということなどを話しました。

実際、私はそう感じていました。男性が見下している女性に対して、あのような長い真《しん》摯《し》なメールを書くことはありえないからです。

そうこうしているうちに、半年以上が経ちました。妻が原因不明の体調不良になり、たまにメールで私に近況を知らせてはくれるものの、長い期間カウンセリングに来られなくなり、自宅で寝たり起きたりして過ごすようになりました。

私は、これを夫婦の和解が進んでいる証拠だと捉えました。人は闘うべき問題の渦中にある時は、身体症状などは発現せず、問題が収束して「ほっとできる安全な状態」になってから一気に身体に不調が出るということがあります。

妻はCさんの変化を信じるようになりつつあり、長年の緊張が解けた心理状態が、体調不良という形で表現されたのではないかなと、私は思いました。

大人になった子どもの自立のさせ方

妻がカウンセリングに来なくなると、Cさんが1年以上ぶりに来談しました。息子は友人と共同でシェアハウス経営を始めるから資金を貸せと言っているが、まったく信用できない話だというので、私はいっそのこと生前贈与で1億円くらいを譲ったらいかがでしょう、遅かれ早かれ資産は息子さんと娘さんに渡るわけですし、と言ってみました。

Cさんは、そんなことを言われると思っていなかったので面食らっています、と返答されましたが、私は冗談でこのようなことを提案したわけではありません。

大人になった子どもを自立させたいと願う親は「自分で働いて、稼いだお金で自立してほしい」などと言いながら、「今は稼ぎがない身の上だから」と子どもにお小遣いを与えます。それは矛盾したメッセージを子どもに与えており、実は子どもの自立を遠ざけていることにまったく気づいていないのです。

こうした矛盾したメッセージを〝**ダブル・バインド（二重拘束）**〟と言い、相手を身動きできなくさせるコミュニケーションと言われています。

親はそんなつもりはなくても、実は子どもに対して発しているメッセージは「働いてお金を稼いで自立しなさい。でも、働かないのならばお小遣いをあげます」ということですから、働く意欲が湧くわけがありません。

さらに「自分はいい歳をして親からお小遣いをもらっている、みっともない存在だ」と子どもの自尊心が下がり、親にお金を出させていることに罪悪感も抱きます。すると、ますます世間が怖くなり引きこもります。これが引きこもり親子の悪循環システムであり、共依存ということでもあります。

親は、無意識に子どもが子どものままであってほしいと願っているということであり、親に依存する子どもと、子どもに依存されていることに依存している親、という組み合わせということです。

ですので、もしも死後に遺すようなお金があるのなら、お小遣いなどではなく子どもの正当な権利として譲ってしまうほうが、よほど子どもの自立を促します。子どもは、もう「お小遣い」をもらう必要がなくなり、子どもという立場を卒業するのです。これが、親子の悪循環システムの変更のやり方の一つです。

このような提案には、「譲った数千万円だかの大金を、例えばギャンブルで使い果たしてしまうとか、そんなことになったらどうするつもりですか」と言う人がいるかもしれません。ですから全財産を渡せなどと乱暴なことは言っていません。あくまでも親自身の老後資金は確保した上で、死ぬまでに使い切れないであろう財産があるのならば生前に子に譲り、家を出て行ってもらってはどうですか、と言っています。それを出来ないと感じるのは親自身が、やはり「ありのままの自分の子どもへの思い」を認めていないということがあるのではないでしょうか。

例えば、内心で「自立しても会えないほど遠くにはいかないで欲しい」とか「世間体のいい仕事に就いてほしい」など、いろいろありますが、それらの本当の思いを押し隠して、「あなたの好きなことをすればいいんだよ」などと言うのは有害なコミュニケーションになります。「好きなことをすればいい」のであれば、引きこもっていたっていいはずです。

自分の心に正直になった時、「子どもにはずっと家にいて欲しい、子どものままでそばにいてほしいんだ」でもかまいません。膠着《こうちゃく》した悪循環コミュニケーション・システムを変更するためには「ありのままの自分・ありのままの思い」を認めることがスタート地点です。そこから、本当の対話が生まれるのです。

夫は妻をリスペクトしている

Cさんは、妻との一連の出来事を一切話題に出さずに私との対話を終えようとしていました。しかしそれは、夫婦のいきさつをすべて知っている私に対して不自然なことです。おそらく、かつて「我が人生に一点の曇りなし」のような態度をとってしまっていた手前、とても居心地が悪かったのでしょう。

しかし私は、Cさんにとって妻が唯一の女性であるということや、妻の能力に圧倒されてしまったからこそ、卑屈なコミュニケーションになってしまっていたのだろうということについて、Cさん本人に語ってもらいたいと思いました。

そこで私から、

「それにしても、あれだけの才覚ある、女傑ともいえるようなすごい女性を奥さんにして、その奥さんから絶対的なリスペクトを得ていたCさんというのは、本当にすごい魅力と才能をお持ちの男性なんだなと思いましたよ」

と、伝えてみました。

私がもしも「奥さまはとても才覚ある素晴らしい女性ですね」とだけ伝えたら、Cさんという男性は勝手に「自分のほうが下に見られた」と勘違いするかもしれないので、妻の素晴らしさを伝えると同時にCさんの自尊心を高める言い方をしたのです。

するとCさんは、苦笑いをしてこう言いました。

「リスペクトされていたなんて、そういう話じゃなかったというのは、妻から聞いて知ってますよ。彼女（妻）は、私みたいな地方の貧乏な家出身じゃなくて、本当に育ちがよくて愛されて育ってコンプレックスも何もない、賢くて奇跡のように恵まれた人ですよ。だから、光と影です。光が強すぎたら影が濃くなっちゃうでしょう？　だからねぇ、影が何を言ったって、光のほうは痛くも痒くもないんじゃないかって思ってしまっていたかもしれない。でも、ただの甘えでしたね、男は弱いもんなんですよ」

インテリのCさんらしい「光と影」という比喩を使って、妻が自分にとっていかに輝かしい存在かということを語りました。

「夫というのは、いつだって妻をリスペクトしていますね」と私が言うと、まるで負けを認めるかのような表情をして、黙ってうなずいていました。

しかしCさんは、おそらく妻をリスペクトしているという「自分の素直な気持ち」を隠していたつもりではないのでしょう。自分で気づいていないまま、なんとなく妻に対して不機嫌になる自分の感情に流されて行動していたのではないでしょうか。

Cさんの一時期の妻に対する振舞いは、「モラハラ夫」と言われて然るべきものでした。そんなありのままの自分を認めるには勇気が必要であり、心の痛みを伴うこともあります。Cさんは妻が本気で自分から去っていくかもしれないという強い痛みを経験し、気づくことができたのでしょう。

このケースは、妻が「我慢する」というそれまでのパターンを変更したために起きたシステム変更でした。

【Cさん夫婦の陥った悪循環システム】

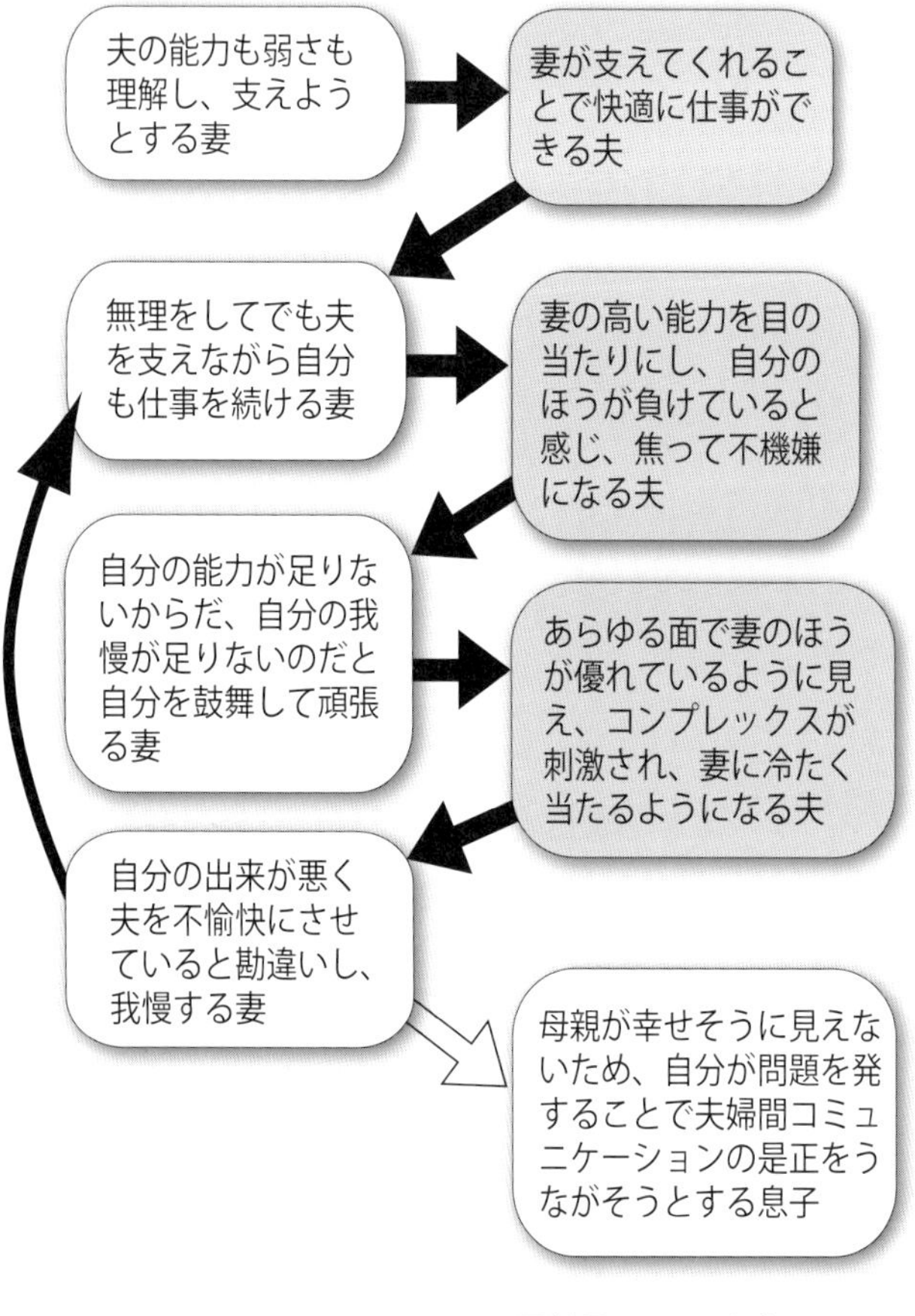
夫の能力も弱さも理解し、支えようとする妻
妻が支えてくれることで快適に仕事ができる夫
無理をしてでも夫を支えながら自分も仕事を続ける妻
妻の高い能力を目の当たりにし、自分のほうが負けていると感じ、焦って不機嫌になる夫
自分の能力が足りないからだ、自分の我慢が足りないのだと自分を鼓舞して頑張る妻
あらゆる面で妻のほうが優れているように見え、コンプレックスが刺激され、妻に冷たく当たるようになる夫
自分の出来が悪く夫を不愉快にさせていると勘違いし、我慢する妻
母親が幸せそうに見えないため、自分が問題を発することで夫婦間コミュニケーションの是正をうながそうとする息子

※悪循環システムを変更
しようとする子どもの働き

夫からリスペクトされていても気づかない妻

A子さん、B子さん、Cさんのケースを通して、重要な共通点は「夫は妻をリスペクトしている」ということです。

A子さんの夫は、A子さんに認めてもらいたくて、「お金が稼げる自分、家族に贅沢をさせてあげられる自分」を一生懸命アピールしていました。

B子さんの夫は、B子さんが家で勉強しているだけで「自分の怠惰を暗に批判されている」と感じるくらいですから、もともとB子さんに一目置いていることがわかります。

Cさんにいたっては、本人が語った通りです。

ところがA子さん、B子さん、Cさんの妻は、自分が夫からリスペクトされているとはつゆほども感じていませんでした。そもそもここが夫婦のすれ違いの原点だと私は考えています。

そのため私はこうした妻たちに、毎回これでもかというほど根気強く夫と妻の心理の特性を説明し、両者のすれ違いのメカニズムを理解してもらうようにしています。

結論から先に言いますと、妻の立場の女性たちはもっと自分に深い自信を持ち、恋人からのリスペクトを勝ち得たからこそ結婚に至ったのだと考えるべきです。けっして、男性たちが口先で言うように「成り行きで結婚した」などということはないのです。

そして結婚後、夫から妻へのリスペクトの感情は下がることよりも、上がることのほうが多いのです。今からそのメカニズムを説明します。

男性優位社会ということ

有史以来、人間の社会はそのほとんどが男性上位で成り立ってきました。昨今はジェンダーフリーであるとか、あからさまな女性蔑視なんてないでしょう、と思う人もいるかもしれません。しかしそれでも、うっすらとした「男性上位」を感じている人がほとんどではないでしょうか。

近年では、2019年度の東京大学入学式での上野千鶴子氏の祝辞が話題になりました。上野氏は「社会にはあからさまな性差別が横行している」と語り、東京医科大学の入試における女子受験生差別事件を糾弾しました（興味のある方はネットで検索してみてください。YouTubeなどで動画が見れます）。

東京大学がこの年の入学式祝辞に日本のフェミニズムのパイオニアである上野氏を起用したのは、学術界や医療のプロフェッショナリズムの場ですら女性蔑視が横行するような国であるなら、先進国としてあまりに恥ずべき実態であると強い危機感を覚えたからではないでしょうか。そのようなわけで、日本の「男性上位」ぶりはまだまだ根が深いのです。


ジェンダーについて、日本が平等な社会になったというのもほとんど錯覚レベルだと思います。テレビなどのメディアでは男性のトランスジェンダー（オカマと呼ばれる人々）のタレントが大量に露出していますが、女性トランスジェンダーの有名タレントがどれだけいるでしょうか。少なくとも私は見たことがありません。

これは、母集団の数に差があるからだということなのかもしれませんが、果たしてそれだけでしょうか。男性が女性になることは認められるが、女性が男性になることは認められにくい社会であることを示してはいないでしょうか？

私は何度か男性トランスジェンダーのタレントが「わたしの場合は、いざとなれば男だから（一般の女性のように暴力に脅えることはない）」と言うのを耳にしたことがありますが、こうした発言に男性の優位性を嗅ぎ取ります。彼らはあくまでも「女性にもなれる優位な男性」なのであって、女性に共感する存在ではないのです。

多くの男性も女性も、こうした社会の中で少しずつそれ（男性上位）を当たり前として受け入れて生きています。自分は性差別主義者などではないと思っていても、男性上位の感覚は、程度の差こそあれ自然と身についているのです。そのため、基本的に妻は「夫がわたしのことを上に見ている」とは感じにくいのです。

また、男性上位社会での男性は、「女性よりも上でなければならない」あるいは「上でありたい」と思っています。そのため結婚する際に自分より稼ぎが多い女性を選ぶことは少ない傾向にあります。

ほとんどの場合、収入や肩書きが自分より下の女性を選びます。だからといって、男性は自分がリスペクトできないような「見下している女性」を結婚相手として選ぶことは通常はありえません。それは、これから生き抜いていかなければならない競争社会で荷物を抱えることになりかねないからです。むしろ自分が社会的危機に陥った時に、頼れるような強さを持った女性を結婚相手として選んでいるものです。

例えば、苛烈な競争社会で闘うプロスポーツ選手の妻たちを見ると、あまりか弱そうな女性を見たことがないと思いませんか？　一般の男性でも多かれ少なかれ、そうした心理は同じだと考えられます。

しかし収入の差は目に見えてわかりやすく、夫婦のパワーバランスを決めてしまうものになり得ます。さらに、妊娠・出産・育児という「無賃労働」の間、妻はキャリアが犠牲になりがちで、人によっては自尊感情が下がります。そうしたことも、妻が夫からリスペクトされているとは感じにくいことに繋がっていると考えられます。

出産が夫婦のすれ違いを増大させるきっかけ

夫婦の問題で相談に訪れるクライエントで、子どものいない夫婦は非常に少ないといえます。子どもがいないカップルでは「大人として対等な関係」を維持することが、まださほど難しくないのでしょう。また、関係がうまくいかないとなった場合にも、離別する決断にハードルが低いということもあります。

子どもがいない時には問題がなかったように見える夫婦でも、子どもの誕生をきっかけにコミュニケーションのすれ違いが発生しやすくなります。また、子どもが1人であればシステムが保てていても、子どもの数が増えた時に悪循環システムに陥ってしまうということもあります。

出産・育児というライフ・イベントは、夫にとって妻へのリスペクトが強烈に高まる経験になり得ます。それまで、支えてあげたくなる可愛らしい女性に見えていた妻だとしても、母親ともなると肝が据わって、ちょっとやそっとのことでは動じない逞《たくま》しさを見せるようになるからです。

子どもがミルクを吐いたり、熱を出したくらいのことではうろたえません。母親である妻は、半ば本能的に育児という作業に没頭します。父親である夫は、どんなに育メンだと言ったところで育児においては補助役、妻からの指示待ちになる存在です。子どもを産むということが出来ない存在である男性は、子産み・子育てという経験においては女性に圧倒されるのです。

また、ある男性クライエントが「自分の子どもを産んでくれた妻という女性は、他の女性とはまったく別の、特別な存在なんです」と言いました。

　この感覚は、子を持つ男性ならわかるのかもしれません。究極のところ、女性はやろうと思えば自分ひとりでも母親になるということが可能ですが、男性はひとりでは絶対に父親にはなれません。ですから、ある女性が自分の子どもを産んでくれるということに、男性はその女性からの深い愛情を感じ、感謝するのでしょう。

　そうした深層心理的な部分と育児経験とが相まって、夫の妻へのリスペクトは結婚当初よりさらに高まりやすくなります。しかし、妻のほうは夫のそんな心理を感じている余裕がありません。家事・育児と仕事の両立オペレーションのために知恵と体力を振り絞らなければなりません。キャリアアップに意欲的な女性であれば、子どもが生まれても仕事中心であることが変わらない夫に嫉妬や苛立ちを感じることもあります。

子育てのために遅れをとったと感じる女性もいます。もしも、夫から積極的に感謝やリスペクトの言葉をもらっていない状況であれば、夫が自分をリスペクトしているなどとはまったく気づかないでしょう。

そして、妻に日ごろから感謝やリスペクトを言葉で伝える夫は少ないと思います。夫側の意識としては「そんなこと欧米人のドラマじゃあるまいし、照れくさくていちいち言ってられない。妻はわかってくれているはず」というようなところでしょうか。

子育て世代の男性たちはまだ若いですし、人格的に成熟しきっているというわけでもありませんから、言葉にしなければ伝わらないのだということを知らないのかもしれません。

また、「男性上位社会」であるということは、男性が楽な社会であるという意味には必ずしもなりません。彼らは男性であることの優位性を示さなければならないと思い込んでいるため（いわゆる「男のプライド」というやつです）、女性へのリスペクトをはっきりと意識化したり、言語化することに抵抗を感じる人もいます。

そして男性たちは、職場という苛烈な「男性中心社会」で日々、自分の能力を試されている状況の中で生き抜いています。そのため、自分には高い能力がある、人より優れていると思わなければやっていられない、というような心理状態にもなります。そうした状況下では、人によっては他者に感謝することよりも「俺の能力を認めろ」「すべて俺の能力で成し遂げていることだ」と思いたくなったり、言いたくなったりもするのでしょう。

つまり心理学的な言い方をするなら、夫は妻へのリスペクトの気持ちを抑圧しやすい傾向と社会環境があると考えられるということです。

二十代夫婦のケース④

子どもが生まれてからうまくいかないDさん

二十代後半の会社員Dさんは、「子どもが生まれてから妻とのコミュニケーションがうまくいかない、すぐケンカになってしまう。妻は育児ノイローゼかもしれない」と、妻を連れて相談に来ました。

1年前に初めての子どもが生まれたが、男性で育休を取る人がいるような会社ではないので、それまで通りに残業などもしていたら、妻がキレて「乳児と2人きりで毎日過ごす私の大変さも少しは考えろ!」と言われたとのことです。

そう言われてからは早く帰宅し、以前より家事をたくさんするように努力もして、育児もやっていますが、妻とぶつかることが何故か減らない。やれることはすべてやっているのに、妻の不機嫌が直らないのでどうしたらいいかわからない、ということでした。

どんな時に妻とぶつかることが多いのか尋ねると、週末に妻が子どもを連れて実家に行き両親と過ごしたあと自宅に戻ってくると、機嫌がとくに悪い、とDさんは言いました。

そこで妻のほうにも話を聴くと、夫婦間コミュニケーションの悪循環システムの全貌が見えてきました。

妻の母親は強引な性格で、何でも自分の思い通りにならないと気が済まない人だったために、子ども時代につらい思いをした妻は、成人してからは親と距離を置いていました。

しかし、せっかく生まれた孫の顔は見せてあげたいと思い、定期的に実家に行くようになりました。週末に実家に子どもを連れて行けば、その間、夫のDさんが自宅で休養を取ることができるため、一石二鳥とも思ってのことでした。

しかし妻は、母親と過ごすと結局、嫌な気分になってしまうのでした。自宅に戻ってDさんにそのことを話すと、Dさんはいとも簡単に「だったら実家に行かなければいいじゃないか」とか「お母さんの言うことは聞き流すようにして、いちいちまともに受け取らないようにすればいい」などとアドバイスしてくるので、猛烈に腹が立つと妻は言いました。

妻は、Dさんにアドバイスをもらいたいのではなく、共感的に話を聴いてもらいたかったのです。Dさんは、妻に「問題解決策を提案する」のではなく「そうだったんだね。せっかく孫の顔を見せてあげようと、よかれと思って実家に子どもを連れて行っているのに、嫌な思いにさせられてつらかったんだね」と言ってあげられたら納得したはずです。

さらに、「自分は、おかげで一人で週末ゆっくり休ませてもらえて、すごく助かったよ。気遣ってくれてありがとうね」と感謝も伝えられたら、妻の機嫌はすっかりよくなったことでしょう。

女性は「共感」脳で、男性は「問題解決」脳？

これを読んでいる方の中には「しかしそんな対応では、その場のコミュニケーションはうまく行くかもしれないけど、問題の根本解決にならず、永遠に妻の愚痴を聞かなければならなくなるんじゃないか？」と心配する方がいるかもしれません。

しかし、それはまったく逆なのです。人は、悩んでいる時に「こんなことで悩んでいる自分はダメな人間だ」「問題を解決できない自分は無能力だ」と感じ、自己肯定感が下がっています。そんな時に、さらに上から目線で「こうやって解決できるはずだ」とだけ言われると、それは「解決策が思い浮かばないあなたは無能力だ」「悩むな」と言われているに等しく、自分が否定されただけの経験として受け止められてしまうのです。提案された「解決策」などを試す気にはまったくなれません。

いきなりアドバイスされるのではなく、人は共感的に話を聴いてもらえた時、自分が受容してもらえた、肯定してもらえたと感じ、ホッとします。そして共感してもらえた安心感の中で自己肯定感が上がり、「さて、どうやってこの問題を解決しようか」と冷静な思考力が働くようになるのです。

共感的に人に聴いてもらえただけで、自分で具体的な解決策を思いつけるようになる人はたくさんいます。また同時に、共感してくれたあなたの提案する解決策を試してみようかなという気持ちにもなりやすくなります。ですから、Dさんのように家族の誰かからネガティブな感情を吐露された時には、まず共感的に聴くことが大切です。

ところで、このような男女の会話のすれ違いについて、「女性は共感能力を重視し、男性は問題解決力を重視する脳のつくりになっているから」というような生物学的な性差を持ち出す説明をネット上などで見かけますが、私はこの説をあまり信じていません。

性別に関係なく「共感してもらえること・受容してもらえること」は大切です。男性だって人に相談事をして、まったく共感されなければ不機嫌になりますし、共感能力のある人に相談したいはずです。また、女性が問題解決力を軽視しているわけでもないはずです。

生物学的な性差ではなく、社会的な性差（ジェンダー差）ならある、と私は考えます。男性は問題解決力があることが社会一般で高く評価される「男らしさ（男性性）」の高さに繋がると考える傾向があるため、自分の問題解決力を妻に対しても示したくなるのではないでしょうか。

私は、そこには「問題をたちどころに解決できる男でありたい」という男性の願望や自己理想があるような気がしてなりません。しかし、多くの妻はそのような「男らしさ」を夫に求めているのではなく、「理解してくれること」を求めているのです。それは、夫が妻に対して「理解してくれること」を求めているのとまったく同じです。

必要なのは、人として相手を理解することではないでしょうか。

【Dさん夫婦の陥った悪循環システム】

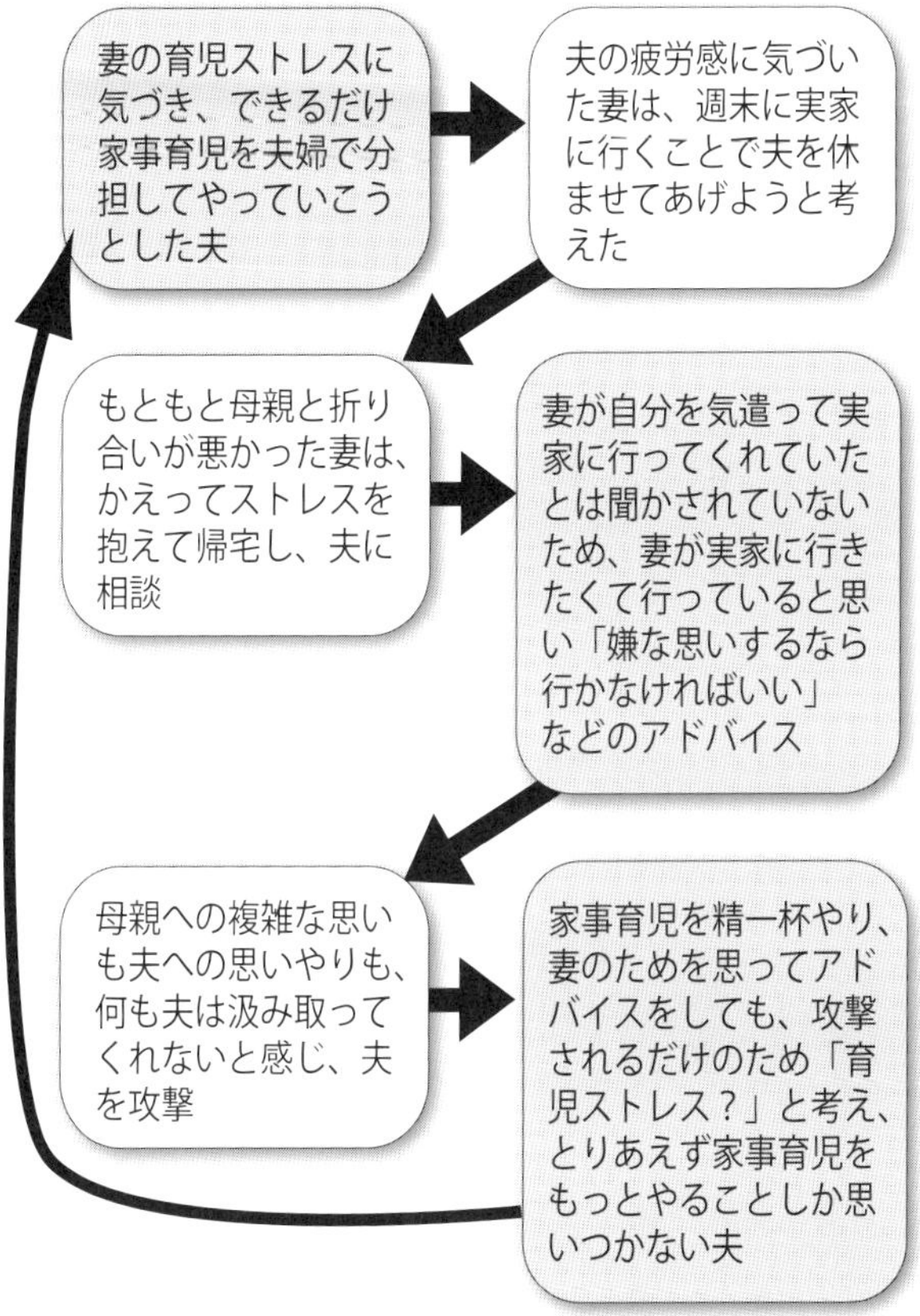
妻の育児ストレスに気づき、できるだけ家事育児を夫婦で分担してやっていこうとした夫
夫の疲労感に気づいた妻は、週末に実家に行くことで夫を休ませてあげようと考えた
もともと母親と折り合いが悪かった妻は、かえってストレスを抱えて帰宅し、夫に相談
妻が自分を気遣って実家に行ってくれていたとは聞かされていないため、妻が実家に行きたくて行っていると思い「嫌な思いするなら行かなければいい」などのアドバイス
母親への複雑な思いも夫への思いやりも、何も夫は汲み取ってくれないと感じ、夫を攻撃
家事育児を精一杯やり、妻のためを思ってアドバイスをしても、攻撃されるだけのため「育児ストレス？」と考え、とりあえず家事育児をもっとやることしか思いつかない夫

話をDさん夫妻に戻しましょう。

Dさんにしてみれば「家事も育児も最大限努力してやっているのに、これ以上どうしろというんだ」という気分です。妻は「あなたは何もわかってない。こうすればいい、ああすればいいって、口先で気楽なことばかり言って、私の気持ちなんて何もわかってない！」と激昂《げっこう》するばかりだったからです。

2人の悪循環システムを図にすると、前頁のようになります。

Dさん夫妻の悪循環システムを変更するには、妻から夫へのアサーティブな言葉があればいいのだと思います。それは「私はあなたに共感してほしい。アドバイスをしないで、まずはただ、私の気持ちを理解しようとしてほしい」ということです。

しかし私は、カウンセリングでそのように妻に「アドバイスすること」を避けました。私まで妻にアドバイスするようでは、妻の気持ちとして「誰もかれも好き勝手に、私にアドバイスばかりしやがって」となりかねないからです。

私は、

「今、ご夫婦のうちどちらのほうが、心の余裕がまだありそうでしょう?」と尋ねました。すると、妻はもう離婚も考えたいくらいつらいと言い、Dさんのほうは離婚なんてまだ考えもしないし、どうにか出来るならなんとかしたい、と言いました。

Dさんのほうが妻より余力があるようです。そこで、私はDさんにすべきことをアドバイスしました。

それは以下のことです。

・妻を理解したい気持ちを妻に伝えること
・今までのような肉体的な家事育児を頑張るのではなく、妻の気持ちを理解する努力をすること
・妻にアドバイスをしないこと
・妻の言っていることが理解できない時は、理解できるまで根気よく聴くか、質問をすること
・もしも妻が攻撃的になった時は、そんなふうに妻が感情をぶつけることが出来る相手は、この世でDさんしかいないのだ、と考えて寛容になること。Dさんを傷つけたり苦しめ

たりする意図はないのだと思うこと

・もしも、それでも妻がエスカレートして肉体的な暴力などに及んだ場合には、子どもと共に安全な場所へ避難すること

・家事育児がハードだと感じられる場合は、自治体の家庭支援サービスなどの社会資源をよく調べて出来る限り利用すること

一方で妻には、Dさんに対して「**自分のほんとうの気持ち・わかってもらいたいありのままの自分**」を言葉にしましょう、と伝えました。

あなたにとってDさんは、今はまだ必要な人だと私は思います、とも伝えました。

こうしたケースでは、残念ながら妻の攻撃欲求（これは前述しましたように、子どもの頃に満たされなかった甘えの表現なのですが）の歯止めが利かなくなり、夫が耐えきれなくなって妻への愛情を失い、逃げ出してしまうという事態もありえます。

時間が経ってから、妻側が後悔し、あんなに耐え抜いて愛してくれた人は他にいない、戻ってきてほしいと懇願しても時すでに遅しで夫は戻ってこない、という結末になってしまうカップルもいます。

男女の立場が逆でも同じですが、とにかくどちらか一方の愛情が完全に冷めてからでは、手遅れになってしまいます。

Dさん夫妻は、幸いにこの後、コミュニケーション・システムの変更に成功し、夫婦の危機を乗り越えることが出来ました。

「ありのままの自分」を見失い身体の不調に

心の問題が身体の症状として現れることはよくあることです。

不定愁訴《ふていしゅうそ》、自律神経失調症、慢性疼痛《まんせいとうつう》（疼痛性障害）、過敏性腸症候群《かびんせいちょうしょうこうぐん》、機能性ディスペプシア（胃の不快感など）、ストレス性高体温症（心因性発熱）、突発性難聴など、心が引き起こす身体症状を挙げたらきりがありません。

これらをまとめて**心身症**《しんしんしょう》とも言いますが、古くは十九世紀の終わり、オーストリアの精神科医ジークムント・フロイトが原因不明の身体症状を「**ヒステリー**」と名付けて発表したことが始まりです。

フロイトは、精神分析という技法によってその人が気づいていない「本当の心、本当の望み」などを明らかにすることで、身体症状が消え去ることを証明しました。

一方、日本ではフロイトとほとんど同時代の二十世紀初頭、森田正馬《もりたまさたけ》という精神科医が赤面症、書痙《しょけい》（文字を書こうとすると手が震えてしまう症状）、吃音症《きつおんしょう》、強迫神経症などの「心の問題による症状」を、森田療法という技法によって治療できることを発表しました。森田は、その人が「あるがまま（の自分）」を受け入れることで症状は消える」と考えました。

ちなみに、フロイトと森田という二十世紀精神医学界の東西二大巨匠は、まったく互いに影響を与えておらず、森田は精神分析に批判的だったとも言われています。しかし、**抑圧していた「ありのままの自分・ありのままの気持ち」を自分自身が受容することで症状が消える**という、ほとんど同じことを言っているのではないかなと、私は思っています。

原因不明の身体症状が、夫婦関係の改善によって消えてしまった例を次に紹介します。

三十代夫婦のケース⑤

原因不明の腰痛に苦しむE子さん

E子さんは会社員の夫と保育園に通う息子との三人暮らしです。エステサロンでパート勤務をしています。

「ひどい腰痛が何をしても治らず、病院でありとあらゆる検査をしてもまったくどこも悪くないと言われ、湿布薬や鎮痛剤を出されるだけ。これはもう心の問題ということしかないのかと思い、カウンセリングに来ました」とのことでした。

ひどい腰痛で一番困っていることは何ですかと尋ねると、E子さんは、

「第2子を作ることが出来ないことです」

と答えました。

「この腰痛ではもちろんセックスをする気になれないということもありますし、仮にもし子どもを産むことが出来たとしても、2人目の育児に耐えられる気がしません。夫は第

2子がそろそろ欲しいと言っているので、申し訳ない気持ちです。夫がパソコンで風俗サイトを見ていることも知っているので、このままではそういうお店に行ってしまうのかな、とかそういうことも心配です」と不安を語りました。

言葉は嘘であるということ

ここで私が真っ先に考えるのは、ケース①②で説明しましたように「問題がメリットを持っている可能性」です。

「何をしても腰痛が治らない」ということは、腰痛が治らないほうがE子さんにとってメリットがあるのではないか、ということです。そして「第2子が欲しいと言っているのは夫であって、E子さんは実はまったく欲しくないのではないか。しかしそうした本心を夫に言うことが出来ず、腰痛なので作れないという状況を作り出しているのではないか」と推測しました。

心理学的に人の心を推測する時には、「**言葉は嘘であり、起きている事実がその人の真実を表す**」ということが多々あります。人が「こうしたいのに、出来ない」という時は、そうしたくないのです。

代表的な例として、不登校の子どもが「学校に行きたいのに、行かれない」と言う現象があります。本心は「行きたくない」のです。なぜ「学校に行きたい」と嘘を言うのかといえば、そう言わなければ親が納得しないからです。

「行きたくない」と言えば、自ら主体的に「行かないという選択」をしていることになり、親に激しく叱られるかもしれません。しかし「行きたいのに、行かれない」と言えば、主体的に行かないのではなく、何らかの外部的な不可抗力（いじめかもしれないし、心の障害かもしれないし、と親は考えます）によって行きたいのを妨害されているのだ、ということに出来ますので、不登校を親に責められる危険性が減るのです。

こうした「言葉の嘘」は意識的についているのではなく、無意識的な言動ですので「なぜそんな嘘を言うんだ、本心を言え」と迫っても、本心が語られることはまずありません。嘘を言っている自覚は、本人にはないのです。なぜなら、そうした嘘を必要とするのは自分の心を本能的に守るためだからです。

不登校の子どもは、本人がまず「学校に行きたくないと思ってしまう自分はダメだ」と自分を責めています。ですから「本当は行きたくない自分」を抑圧し、自分自身ですら気づかないようにしているのです。また、自分は嘘をついていると思ったら罪悪感に苛《さいな》まれてしまいます。自分でも嘘ではないと信じ込むことで、自分の心を守っているのです。

話をE子さんに戻します。

それにしても「第2子を産みたくない」のが本心だとして、そんなにも夫に言えないことなのでしょうか。例えば、仕事で能力を発揮することのほうが育児よりもはるかに楽しく充実して感じられるなどの理由だとして「私は仕事が好きだから、子どもはひとりでじゅうぶんかもしれないと思うんだけど、ダメかなあ？」と気軽に相談してみることなどは、出来ないものでしょうか。夫はそんなに恐ろしい人なのでしょうか。

そんな視点から話をよく伺っていきますと、なるほどと思える事情が見えてきました。E子さんの実家は新興宗教を信仰しており、E子さんは思春期に入った頃から、自分の家が友人たちの家とかなり違い、世間からズレて孤立していることに強い嫌悪感を覚えるようになりました。

ごく普通の、十代の女の子らしいおしゃれや楽しみ事はすべて禁じられていましたが、絵を描くことだけは好きで、得意なこととして親にも認められていました。

E子さんは二年浪人して念願の美術大学に入学し、その時は生まれて初めて夢が叶ったと思ったそうです。しかし卒業時、E子さんは入りたいと思っていたデザイン会社に就職できず、結局親の宗教法人を手伝うことになってしまいました。

夫とは大学時代のアルバイト先で知り合い、交際を始めた時には家の事情を隠していましたが、家を手伝うことになってしまった時に隠しきれなくなり、事実を夫に話したそうです。家の宗教が原因で、もし夫から別れを告げられたら、仕方ないので別れを受け入れようと覚悟を決めていたE子さんでした。

ところが、E子さんの話を聴いた夫は、

「そんなに嫌な家なら、結婚して家を出たらいいよ」

と言って、プロポーズしてくれました。夫はE子さんが実家と絶縁することを応援してくれ、夫の実家もそんなE子さんの特殊な事情を受け入れてくれました。

そのようなわけで、E子さんにとって夫は救い主のような存在だったのです。

「過去の自分」の否定と、対等でない関係が症状をつくる

こうした結婚は、夫婦のパワーバランスが悪くなります。夫のほうは何も感じていないのかもしれませんが、E子さんからすると夫のほうが立場が上であり、自分は「第2子は欲しくない」などと勝手なことを言える立場ではない、と感じていたかもしれません。

実際、夫と対等な関係ではないとE子さんが感じている裏付けとなる発言がありました。つらい腰痛に苦しみながらエステサロンで肉体労働をしているくらいですから、稼がなければいけない差し迫った事情があるのかと思うところですが、夫の稼ぎはじゅうぶんあり、E子さんは働く必要が本当はないのだそうです。けれども、

「自分のモノくらい自分のお金で買わないと、夫に言いたいことも言えなくなってしまうから（働いている）」と、E子さんは言いました。

夫はもちろん、そんなE子さんの内心は知らず、

「そんなに無理して働かなくていいよ。それより腰痛を治すことに専念しようよ」

と言っていました。

さらに私が着目したのは、美大卒でデザイン会社に入りたかったはずのE子さんが、エステサロンで働いているという行動のちぐはぐさです。デザインの仕事は見つからなかったのか尋ねると、

「私がデザインの仕事をするのはお母さんが喜んで応援してくれていたことなので、親を思い出すからやりたくない」

と、E子さんは涙ぐみながら言いました。

E子さんの涙に、私はE子さんの親への愛情と、デザインの仕事を本当は今でもしたい気持ちを感じ取りました。

世間離れした新興宗教を信仰している親と、近い関係で仲良くやっていくのは無理だったのだろうと思います。しかし縁を切ったとしても、心に親子の愛情が残っていることまで否定しなくていいと思いますし、絵を描くのが好きで、デザインの仕事をE子さんがしたかったのも事実だと思います。そうした「過去の自分」を全否定し、封印しようとしていることに無理があると私は感じました。

そこで私は、美大時代のE子さんの作品を見せてもらい、大いに称賛し、

「美大時代に戻って行動してみてください。そうしたらあなたが忘れてしまった本当の自分が見つかるでしょう」

と、伝えました。

するとE子さんは、美大時代に通っていたという美容室へ行って長かった髪をばっさりと切り、画廊をまわってきたと明るい表情で報告してくれ、年齢的な不安はあるものの、もう一度デザイナーになるという夢にチャレンジしたいと語ってくれました。

私はE子さんが「すでにデザイナーであるかのように行動すること」を提案しました。具体的にはエステサロンを辞めて、個人事業主として税務署に開業届を提出すること、自分のホームページを作ること、デザインのコンペや求人に積極的に応募すること、子どもが通う保育園の行事などでデザイン業務を引き受けることなどです。

求人に採用されれば「職業はデザイナー」と自信を持って言いやすいですが、たとえ就職がすぐには叶わなくても「デザイナーとして自分を確立すること」を私は重視しました。なぜなら、私が目指していたことは、E子さんがありのままの自分に自信を取り戻し、夫と対等の関係を築けるようになることだからです。

ただし、この方針の意図はE子さん本人には説明していません。あなたの腰痛は、夫に言いたいことが言えていないから、あなたは本当は第2子を産みたくないのですよ、などと説明したら、すっかり白けてしまって、E子さんの行動変容は起こせなかったでしょう。人は心から楽しいと思えること、わくわく出来ることがなければ、人から指示されて新しい行動をしようなどとは思えないものだからです。

行動から少しずつ見えてくる「ありのままの自分」

デザイナーとしての活動が具体性を帯びてくると、E子さんの第2子出産にまつわる興味深い発言が増えてきました。

「ニューハーフの芸能人を見ていると、羨《うらや》ましく思うんです。あの人たちは姿は女性だけど、子どもを産まなくていいから……」「卵巣がんで卵巣を摘出したという友人の話を聞いて、不謹慎だけどいいなあと思ってしまいました」

はっきりと第2子を産みたくないと言うことには罪悪感を持っているらしく、遠回しな発言をするE子さんですが、それをはっきり言わせることに大した重要性はありません。その代わりに私は、「**ミラクル・クエスチョン**」と呼ばれる質問技法を使って、E子さんの本心を聞き出しました。

「ミラクル・クエスチョン」とは、その名の通りミラクルが起こることを想定して「もしも魔法が使えて、どんな夢でも簡単に叶うとしたら、あなたはどんな願いを叶えますか？」と問うものです。

するとE子さんは、

「会社に入ってデザイナーたちと肩を並べて仕事をする。月に二十万円稼ぐ。カウンセリング代、洋服代を自分で払う。コンペで賞も取る」

と、笑顔で野心を語りました。

この言葉からわかるのは、E子さんは母親としての自分に興味を持っておらず、デザイナーというアイデンティティーを確立して生きることで自信を得たい女性なのだということです。このことに、良いも悪いもありません。それが「ありのままのE子さん」ということです。ありのままのE子さんが、活き活きと自信を持って生き、夫と対等に関われるように支援するのが、私の仕事です。

そんなカウンセリングを続けていたある日、絶縁していた父親から現金数万円と、祖母が亡くなった知らせの手紙がE子さんの元に届きました。

E子さんは現金を送り返すことも考えたそうですが、

「戻ってきた現金を見た父親の顔を思い浮かべたら、出来ませんでした」

と、涙ぐんで語り、父親への思いやりを示しました。

E子さんは、本当は親と絶縁などしたままでいたくはなかったのです。あの時はそうする以外に道はないように思えた二十代の時と、三十代の現在とでは心境が変化していることに私たちは気づきました。その後、E子さんと両親は定期的に連絡を取り合うようになりました。

私は、E子さんの「ありのままの自分」の受容が進んだことと、両親との和解は無関係ではないと考えます。人は「ありのままの自分」を受容すると――つまり、自分自身を本当に愛せるようになると――他者を受容し愛する能力も高まるからです。

どこかへ消えた腰痛

ところで、原因不明の腰痛が何をしても治らないということで相談にきたE子さんでしたが、腰痛の話をまったくしないまま一年が経過しました。そろそろカウンセリングを終結してもいいかなと私は思い、そういえば腰痛はどうなりましたか、と訊いてみました。

E子さんは、

「考えなくなりました」

と言い、痛いとも痛くないとも言いませんでした。また、夫との関係は良好だと言い、素敵な自分のバッグを指して「自分でこういうものを買えるようになったし、夫に威張れるようになった」と笑顔で話し、カウンセリングを終えることに同意しました。

このケースは「ありのままの自分の、ほんとうの気持ち」に気づかせるというよりも、ありのままの自分であることを具体的に支援することで、行動によって悪循環システムを変更し、問題の解消を行ったケースです。

【E子さんの腰痛を生み出していた悪循環システム】

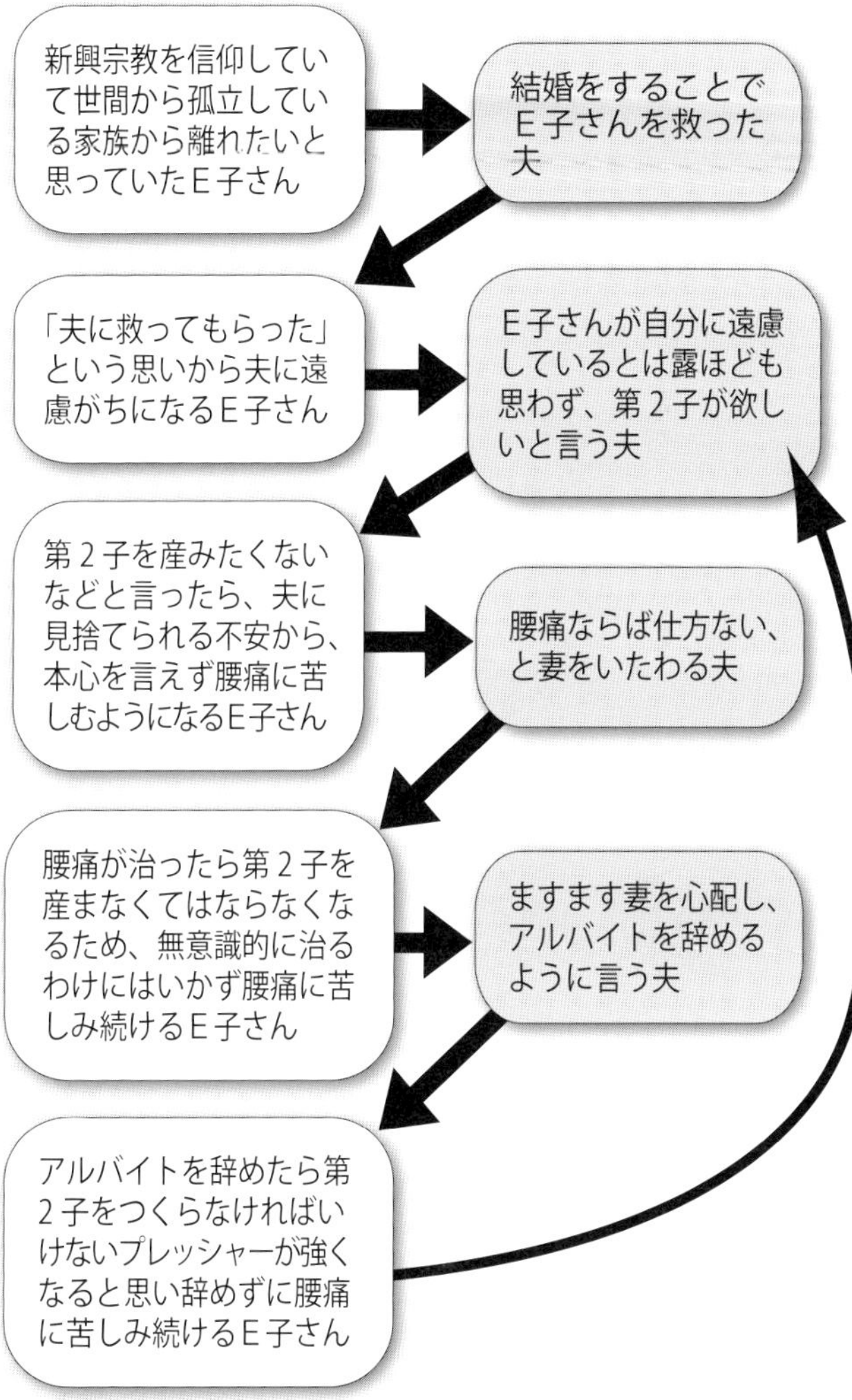
新興宗教を信仰していて世間から孤立している家族から離れたいと思っていたE子さん
結婚をすることでE子さんを救った夫
「夫に救ってもらった」という思いから夫に遠慮がちになるE子さん
E子さんが自分に遠慮しているとは露ほども思わず、第2子が欲しいと言う夫
第2子を産みたくないなどと言ったら、夫に見捨てられる不安から、本心を言えず腰痛に苦しむようになるE子さん
腰痛ならば仕方ない、と妻をいたわる夫
腰痛が治ったら第2子を産まなくてはならなくなるため、無意識的に治るわけにはいかず腰痛に苦しみ続けるE子さん
ますます妻を心配し、アルバイトを辞めるように言う夫
アルバイトを辞めたら第2子をつくらなければいけないプレッシャーが強くなると思い辞めずに腰痛に苦しみ続けるE子さん

このように、必ずしも「気づく」ということがいつも先にあるのではなく、先に行動パターンを具体的に変えてしまうことで、後から「これがありのままの自分だと気づいた」という場合も非常に多くあります。

次章では、「ありのままの自分」の見つけ方・夫婦の関係性を改善するための考え方・変化を起こすコミュニケーションのテクニックを説明します。

第2章
なぜ
ありのままの自分を
表現すれば
うまくいくのか

よりよい夫婦関係のために、まず自分を見つめよう

第1章の5つの夫婦のケースでは、私がカウンセリングでどのように夫婦システムの変更を行ったかを説明しました。この後の章では、これを読んでいる方々が自身で夫婦や家族のシステム変更を試みる場合にどんな考え方をしたらいいか、また、どんなコミュニケーション・スキルが使えるかなどを順に説明していきましょう。

5つの夫婦のケースを通じて、夫婦システムが悪循環に陥る背景には、互いに対する誤解・思い込みなどと共に、夫婦のどちらか一方が、あるいは夫婦ともに「**ありのままの自分」を表現できていないという問題**があるとおわかりいただけたのではないでしょうか。

では「ありのままの自分」とは、どんな自分なのでしょうか。説明していきます。

原家族で作られた「心の傷」は、「ありのままの自分」の重要な一部分

自分が生まれ育った家族を「**原家族**」と呼びます。

当然ながら、人は自分が生まれ育つ家族で人間社会というものを初めて学びます。子どもの頃、自分の家では当たり前だと思っていたことが、友人の家ではまったく違っていて、驚いたという経験をした人は少なくないでしょう。

人は自分の家族の「当たり前」が、世間一般の「当たり前」だと思い込んで、ある程度の年齢まで成長します。この「当たり前」が、例えば生活習慣のような些細なことなら大した問題にはなりませんが、その後の人生を大きく左右する心の基本的なあり方に関する「当たり前」が、あまり質のよくないものだったとなると、人間関係で苦労したり、人生が生きにくいものになってしまうことがあります。

親がアルコール依存症など、何らかの依存症であったとか、DV、身体的・情緒的・性的虐待があったなど、明らかな機能不全家族で生育した場合には、子どもが大きな心の傷

を負うことは当然です。しかし、目に見えない、明らかな虐待とは言えない心の傷に悩まされている人も多くいます。

昨今では、「自己肯定感を上げる方法」や「自分に自信をつける方法」といった心理学的アドバイスのような記事をインターネット上で多く目にします。それだけ、「ありのままの自分」に不満足で悩んでいる人が多いということなのでしょう。

それでも、自分の「心の傷」はそれほど大きくはないと感じているのでしょうか、カウンセリングなどの専門的な支援や治療を必要とするほどつらいというわけではない、と感じる人が多いのかもしれません。

しかし、愛情によって結ばれて始まる結婚生活——つまり夫婦関係——では、それまである意味うまく抑圧されていた「心の傷」が刺激されて浮上することが多くあります。ですから、もともとの「心の傷」が小さい人と結婚することが、夫婦関係で苦労しない秘訣ではあります。

「心の傷」の大きさはどのように決まるか

例えば、両親や祖父母や、あるいは先に生まれた兄姉に心から歓迎されて誕生し、毎日毎日、温かく受容的で肯定的な眼差しを浴び、幸せな幼少期を過ごした人は「私の存在はこの世界に祝福されている」という心の基本スタンスが出来上がります。

実際には、自分の家族に祝福されているだけですが、家族がこの世のすべてである幼い子どもの心の奥底に「世界全体が自分の存在を喜んでいる感じ」が「当たり前」となって定着するのです。

こういう人は、生きていくことが基本的に楽です。もちろん、生きていくうえで苦労や努力は誰でもするものですが、そのことをあまり苦とは感じない人になり「まあ大丈夫だろう、なんとかなるだろう（なぜなら自分は祝福されているから）。それよりも、この世界には楽しい事や面白い事のほうが多い」という感覚を持ちます。

また、自分が大切にされたように、他人を尊重する気持ちも自然に生まれますから、よい人間関係に恵まれやすくなります。こういう人は、典型的な「心の傷が小さい人」と言えるでしょう。

その後の人生を決定づけるこうした幸せな幼少期は、本人の記憶に残らないくらい幼い時（2歳くらいまで）が、とくに大切なようです（アメリカの家族セラピストであるロビン・K・モースと弁護士のメレディス・S・ワイリーは、その著書『育児室からの亡霊』原題"Ghosts from the Nursery"で、胎児期から満2歳までの養育が、いかにその子どもの人格と人生を決定づけるかについて述べています）。

誤解のないように付け加えますが「幸せな幼少期」というのは、はた目には判断しにくいものです。「片親だったから不幸な幼少期」とか「裕福な家だったから幸せな幼少期」とは言えません。大切なのは、子どもに注がれる「眼差し」の質なのです。

例えば、ある女性は好きでもない医師の男性との間に子どもが出来たために結婚し、その後、後悔することになりました。なぜそうなったかというと、その女性は自分の母親から「あんたは、ああいうレベルの高い男（医師）は落とせないのよね」と侮蔑的に言われたことが悔しくて、「母親を見返すために」子どもをつくり、結婚したそうです。

彼女は生まれてきた女児の赤ちゃんに対して「ごめんね、バカみたいな理由であなたを産んじゃって。なんでこんなことになっちゃったんだろう」という気持ちを持っていました。結局、彼女は夫を愛することが出来ずに娘が1歳半の時に離婚し、両親の支援を得ながらもシングルマザーとして立派に娘を育てました。

ところが、娘は十九歳になると専門学校を中退してニートになりました。娘は「会社員になって普通の人生を生きるとかアホらしくて嫌だし、かといってやりたいことは何も思い浮かばない。生きている意味がわからない。生きているのはつらいだけ」というのが、中学生の頃からの口癖になっていました。

これは、母親からの「眼差し」を自分の心の中に取り込んで、この世界を見ている娘の言葉です。母親が「この世に産んじゃってごめんね」という「眼差し」を娘に注いでいたために、娘は自分がこの世で祝福されているとは感じられずに育ったということです。

意識の上では、娘は母親や祖父母から愛されて大切に育てられたと思っていますし、虐待されたこともありません。それでも、注がれる「眼差し」の質が悪いと心に傷を負うのです。

親は、大人になった私たちの「心の傷」を癒せない

原家族で「心の傷」を受けたと気づいた人は、大人になってから親と心理的・物理的な距離をとったり、場合によっては絶縁したり、あるいは自分の受けた心の傷について勇気を出して親に話し、謝罪してもらう人などもいます。しかし、そうしたさまざまな親への働きかけをしたところで、一時的な気休めにはなったとしても、自分の人間関係や人生がたいして楽にならないことに気づく人がほとんどです。

なぜなら大人になった私たちは、もう親の愛情を乞う子どもではないからです。人が親の愛情に熱中していられるのはせいぜい5、6歳くらいまでで、そこから先は友人や先輩、先生や上司、恋人、あるいは世間一般からの注目、承認を得ることに一生懸命になります。

大人になってから親が謝罪してくれたり、愛情を伝えてくれたとしても、どこかで「今さら感」が拭《ぬぐ》えません。そこで人は、原家族で受けた「心の傷」を親以外の誰か・何かで癒そうとさまざまな試みをします。恋人選びや配偶者選びというのは、その最たるものか

もしれません。

第1章で紹介した5つの夫婦のケースでも、それぞれが多かれ少なかれ原家族での「心の傷」が夫婦関係の中で顔を出し、コミュニケーション上で勘違いやすれ違いを引き起こしていました。

私たちは、「心の傷」を持つ「ありのままの自分」を、愛する人に受け入れてもらいたいと無意識的に願うものなのです。そのこと自体はごく自然な心の動きです。

しかし、自分自身が自分の「心の傷」をよくわかっていなかったり、否定していたり隠していたり、無視していたりすると、コミュニケーションが歪んだものになります。そして愛し合っていたはずの夫婦がすれ違っていくのです。

「心の傷」を受容する夫婦がうまくいく

ところで、私はお互いの「心の傷」が癒される夫婦関係がよい夫婦関係、とは必ずしも考えていません。「心の傷」は一生癒されないものもありますし、その「心の傷」こそがその人の魅力となっていたり、「心の傷」があるからこそ、その人が社会的に活躍する原動力になっている場合などがあるからです。

つまり、「心の傷」を含めた自分が「ありのままの自分」なのです。ですから、相手の「心の傷」を癒そうとするのではなく、また自分の「心の傷」を癒してもらおうとするのでもなく、ただ「ありのままのその人」を受容する関係がうまくいくのだ、と考えています。

もっと具体的な言い方をするなら、「心の傷」を含めた相手の個性を「面白いな」と思える関係ということであり、意識的に癒そうとする必要はない関係です。

ある夫婦の夫は、父親が抑うつ気質のDV男だったために原家族の楽しい思い出がない、という男性でした。たまたまクリスマス・シーズンにその夫婦が私のグループ・セラピーに参加した時、その夫が「クリスマスのつらい思い出」として父親の話をしました。家族で楽しく過ごそうとしていたのに、抑うつ感情に支配された父親が暴れて「こんなのはクリスマスじゃない、クルシミマスだー」と叫んだ、というくだりで、それまで神妙な面持ちで話を聴いていた参加者全員が大爆笑しました。妻ももちろん笑っていました。

その日、家に帰ってから妻は夫に「あのクリスマスの話は今日、一番面白かった」と伝えました。夫はグループ・セラピーで話してよかったと感じたそうです。夫を包み込んだその場の笑いは嘲笑などではなく、純粋に夫の話を楽しんだ参加者たちの温かい笑いだったからです。

「ありのままの相手」を受容する、というのはこのようなことで、相手の話や相手そのものに対して、無批判で肯定的な温かい「眼差し」を向けることなのです。

お互いが「ありのままの自分」を表現し、受容する。「受容し合う関係」が成立すると、夫婦のコミュニケーション・システムは好循環になります。「心の傷」は癒す必要がある、消さなければいけないようなものではないのです。

「その傷がある、そのままのあなたが素晴らしい」という愛する人からの「眼差し」を受けると、「ありのままの自分」が受け入れられたことで「心の傷」は逆説的に癒されていくという現象が起こるのです。

「ありのままの自分」の見つけかた

本書は夫婦関係、さらには家族関係の改善を出来るだけ短期間で成功させたい人のための参考書ですが、「そもそも表現すべきありのままの自分がわからない」と悩む方もいるでしょう。

これは「ニワトリが先か卵が先か」のようなことでもあり、ありのままの自分を表現することで夫婦や家族の関係を改善できた人々がいる一方で、「夫婦関係や家族関係が心地よいものになったら、これが本来の自分らしい在り方なんだと気づいた」と後からありのままの自分を発見する人もいます。

第1章で紹介したケースの中では⑤の腰痛の妻のケース（107頁参照）がそうだったように、具体的な行動の変更（システム変更）をしたことで「こっちのほうが居心地がよい。これがありのままの私だったんだ」と後から自分の本来の気持ちや望みに気づくということも、けっこうよくあることです。

そこで「ありのままの自分と相手」を探求する作業が難しい場合は、ひとまず脇に置いて、とりあえず苦しい現状のシステム変更に着手してみようと柔軟に考えるのも一つの手です。具体的なシステム変更の考え方と方法は後述します。

ここでは、自分に何らかの心の問題があるのではないか、自分で見えていない「心の傷」がもしかしたらあるのではないか、と感じている方へ向けて、私がカウンセリングで用いている「ありのままの自分探し」の方法をいくつかご紹介します。

①これまで生きてきた「すべての年齢の自分」が生きている

私は精神分析家ではありませんが、精神分析の知識は重要だと考えています。私たちが日常的に使っている「意識」「無意識」という言葉は、もともと精神分析の専門用語だったものが一般化したものですが、これらの言葉の本当の意味を多くの人は誤解しています。

私たちの無意識には、私たちがこれまで生きてきたすべての経験が記憶されているそうです。いや生きてきた経験だけでなく、親から受け継いだ記憶は生まれた時から「もともとある記憶」として無意識の領域に貯蔵されています。

現代的に言うと、遺伝子情報と言えるかもしれません。そう考えると、無意識の領域はあまりにも深く広大で、普段は意識することが出来ないからこそ「無意識」と呼ばれます。私たちが意識上で「忘却した」ことも、すべて無意識の中に貯蔵されています。

大人になった私たちは、子ども時代のことをそれほど頻繁《ひんぱん》には思い出さないかもしれませんが、あらゆる年齢のすべての「私」が無意識の中で生きていると考えてください。

人によってはこれを「**インナー・チャイルド（内なる子ども）**」と呼び、子ども時代に傷ついた自覚のある人、親に愛されなかったと感じる人々は、このインナー・チャイルドの癒しを必要とします。なぜなら、「傷ついている年齢の自分」は、ケアされないまま無意識の底に沈められること（忘れ去られること）を拒むからです。

「ここに傷ついたままケアされていない私がいるよ。私に気づいて、私を癒して」と日常の中に何度も顔を出し、大人になっても「どうも生きにくい」という感覚をもたらすことがあります。このことを理解し注意することが必要です。

さまざまな年齢での「解決していない問題」が浮上するとき

幼少期や、原家族と生活していた時代に心の傷を負ったけれども、その後自立してからはとくに過去の心の傷が問題にならずに生活してきたという人もたくさんいると思います。しかし結婚して自分自身の新しい家族を持ってから、これまで問題にならなかったはずの心の傷が問題になることがあります。それは、家族という愛情を基盤とした親密な人間関係によって刺激された「心の傷」が、意識の上に浮上するからです。その心の傷は解決されないままに抑圧されていた（忘れ去られていた）のです。

例えば、両親の浮気問題のことで子ども時代に傷ついていた人は、配偶者の浮気疑惑に必要以上に苦しむかもしれません。

あるいは、子ども時代に父親に遊んでもらえず寂しい思いをした人は、夫と子どもが楽しそうに遊んでいる姿を見て、感じなくていいはずの嫉妬を感じるかもしれません。

こうした場合、あなたを本当に苦しめているのは、今、目の前にいる人（配偶者ないし今の家族メンバー）ではなく、「解決していない過去の心の傷」なのです。それなのに目の前の人に怒りなどのネガティブな感情をそのままぶつけてしまうと、人間関係が悪化し、新たな問題を生み出してしまうかもしれません。

「ここまで怒る必要はないと頭ではわかるのに、どうしても腹が立って仕方ない」とか、「相手にも事情があり悪意はなかったとわかっているのに、傷つけられた感情が消えない」など、自分でもちょっと変だなと思う感情に支配された時には、次のような問いを自分に投げかけてみるといいと思います。

「遠い過去に、同じような感情に支配されたことがなかったか」
「この経験から思い起こされる過去の記憶があるか」
「両親のどちらかが、今の自分と同じような感情にたびたび支配されていなかったか」

こうした問いかけにより何らかの記憶が蘇ったのなら、それがあなたの「まだ解決していない問題」であり、気づいた時が解決すべき時だと考えてください。

「遊べない子ども」からのプレゼント

原家族での「解決していなかった心の問題」が、自分が子どもを持ったことで浮上し、解決に至った例を紹介します。

保育園の年長組の一人娘を持つT子さんは、社会福祉士として責任ある仕事をしているキャリアウーマンです。娘が保育園でお友だちとうまく遊ぶことが出来ないという問題が浮上し、発達障害の検査を受けさせることを園から勧められてしまいました。

娘に検査を受けさせたところ、ごく軽微な発達のアンバランスが認められ「お母さんが積極的に遊んであげる時間を増やし、遊びながらコミュニケーションを取ることに慣れさせるようにしてみてください」とT子さんはアドバイスされました。

T子さんは、このアドバイスにひるんでしまいました。なぜなら、T子さんには遊び方がわからなかったのです。娘がブロックを持ってきて「ママ、何か作って」と言われても、作り方がまったくわからない。一緒にお絵かきしようという娘が「ママも何か描いて」と言うが、何を描いたらいいのか見当もつかないうえに、自分が絵を描けるとも思えない。

それでも根が真面目なT子さんは、医療機関でアドバイスされたことだからやらなければと頑張って、その場にあった絵本を見て、アンパンマンの顔をなんとか描いてみると、娘は「ママ、じょうずー」と嬉しそうに褒《ほ》めてくれたそうです。娘に褒められてなぜかホッとするT子さんがいました。T子さんはまるで遊ぶことを恐れているかのようでした。

T子さんはそれまで「もっと娘と遊んであげなきゃ」と思いつつも、家事や仕事のほうが片付いていないと気になって仕方なく、どうしても娘と遊ぶことが後回しになっていました。しかし本当は、娘と遊べないほど忙しいのではなく、「家事や仕事に逃げている」と心のどこかでT子さんは気づいていました。そのため、医療機関で「もっと遊んであげて」と言われた時には、「ああ、やっぱり」と思ったそうです。

T子さんは両親が自営業で忙しく、幼少期に親に遊んでもらった記憶がほとんどありません。いつも忙しい親の歓心を得るために、いつからか勉強や家の手伝いを頑張ることが生活の中心になっていました。

それでも、母親はそれほどT子さんに注目してはくれずに、

「うちは自営業やってるんだから、ヒマな専業主婦のお母さんみたいに子どもに構っていられないのよ」と言われたことも度々ありました。

そういう時の母親は堂々として誇らしげに見え、「ヒマな専業主婦」を見下していると
T子さんは感じ取りました。そのような子ども時代を過ごしたT子さんにとって、「遊ぶこと」とは何の価値もないものとなったのでしょう。

また、人は**愛着の対象と自分を同一化させる心理**がありますから、仕事で多忙な母親と自分を同一化し、娘と遊ぶことよりも仕事や家事を優先するようになったのでしょう。

しかし、「ありのままの小さなT子さん」は、本当は遊びたかったのです。お母さんと一緒に遊んで、楽しそうなお母さんの笑顔が見たかったのです。

T子さんは女の子を産んだことで、すっかり忘れ去っていた「小さな自分」に出会ってしまいました。T子さんは、自分がやりたかった幼少期をやり直すチャンスを娘からプレゼントされたのだ、と私は思いました。

娘はかつてのT子さんのように、優秀な娘であることで母親の気を引こうとするのではなく、「発達障害疑い」というプレゼントをT子さんに差し出し、「母と子どもが楽しく遊

ぶ」という、心の奥底で本当は望んでいた豊かな時間を持つことを、T子さんに教えたのではないでしょうか。

私も子育て中には、必死で説明書を見ながら、ブロックで巨大なお城を何日もかけて作ったりしたものです。傍らで子どもは大したものを作るでもなく、私が作ったもので気楽に遊んでいました。そんな話をT子さんにすると、

「石川先生は当然仕事がすごくお忙しいから、子どもと遊ぶ時間なんてないだろうと思っていました！　そうじゃないんですね」と驚いていました。

T子さんは自分の母親を見て、仕事を頑張っている女性は子育てを重視しないものだ、と思い込んでいたのかもしれません。

私には、仕事と子育てはどちらも同じくらい大切なもので、どちらを優先するというものでもありません。どちらも頑張るし、どちらも手抜きします。T子さんは娘からのプレゼントによって、母親から受け継いだ「仕事至上主義」から脱却し、より豊かで複雑で実りの多い生き方へ「システム変更」をするきっかけが出来たのだと思います。

②夫婦の現在の立ち位置・ライフサイクル（家族の発達段階）を知ろう

人の一生には発達段階というものがあります。

一般的な発達段階は胎生期・胎児期・乳児期・幼児期・学童期・思春期・青年期・成人前期・成人後期・老年期のように分けられます。それぞれの段階に発達課題というものがあり、各課題を克服しながら歳をとっていくため、臨床心理学や発達心理学の立場では、人は死ぬまで成長し続けると考えます。

家族という集団にも、これと似たような発達段階があります。ただし、個人の発達段階が死をもって完結するのに対し、家族は終わりのない円環（または螺旋《らせん》）構造になっており、永遠に続くため「ライフサイクル」と呼ばれています。

一般的な家族のライフサイクル

・自立期……原家族から巣立って独り立ちし、パートナーを見つける時期

・結婚初期……新しい家族の創世期

・第1子誕生期……100パーセントのケアを必要とする新家族メンバーの登場
・第2子、第3子〜誕生期……ケアの必要性の増加と経済問題
・中年期……思春期以降の子どもとの関係性の変化期、職業上の成熟期
・老年期……子どもたちの自立期、職業生活からの引退、世代交代期

人の発達段階と同じく、各時期に課題があります。例えば、自立期がうまくいかないと、いわゆる「**8050問題**」と世間で言われるような問題に発展してしまうかもしれません（「8050問題」とは、自立しない五十歳の子どもを八十歳の親が世話している、という社会的引きこもりの高齢化問題を指すマスコミ用語です）。

結婚初期では、異なる文化・生活様式・価値観を持つ男女の共同生活の確立が課題になります。第1子誕生期では、それまでの大人だけの生活から大きなシステム変更を余儀なくされ、夫婦にストレスがかかります。第2子以降が誕生してくると、家族の協力体制や変化への柔軟性がさらに問われるでしょう。中年期になると、子どもたちが自立の準備期に入るため、世代間の衝突が多くなるかもしれません。老年期になると、子どもたちは自立期となり、本格的な親離れ・子離れが課題になります。

私たちは、自分が子どもの立場だった原家族と、自分が親の立場である現在の家族で、2回のライフサイクルを経験することになります。自分が子どもの立場だった時に、つらかった時期や、問題があった時期があるでしょうか。

前述したT子さんの例のように、自分が子どもの立場で「心の傷」を負った時期と、現在の自分の家族のライフサイクルが重なった時に「未解決の心の問題」が立ち現れることがあります。

そこで、夫婦や家族のことで悩みがある方は、現在の自分の家族がライフサイクルのどの位置にあるかを確認し、同じような問題が、原家族でも起きていなかったかを確認してみてください。もしも、原家族でも同じような問題が起きていたのであれば、それはあなたの「未解決の問題」である可能性が高いです。

人によっては、あなたの母親ないし父親が、かつてあなたの年齢だった時に悩んでいたのとほぼ同じことを、今あなたが悩んでいるということもあります。それは親の「未解決の問題」をあなたがそのまま引き継いだということですが、あなたが解決する必要があるのです。例を挙げてみましょう。

「自分は閉じ込められた籠の鳥」というS子さん

四十代前半のS子さんは、エリートサラリーマンの夫と中学生の娘との3人暮らしです。S子さんは学生時代に青年海外協力隊などの活動をしていました。国際的な仕事で活躍したいという夢があったそうですが、その夢はなんとなく立ち消え、一般企業に就職しその後結婚退職して、現在は夫の親族が経営する会社でパートの事務員をしています。

海外とはまったく縁のない一般事務の仕事をしながらも、一方で海外への夢は、まだS子さんの心の中にあるのか、趣味でイタリア語を学んでいます。

通っているイタリア語教室の仲間たちは、すでに子育てを終えている人や独身の人も多く、数人でイタリア旅行に出かけたりすることもあるそうです。しかしS子さんは、旅行どころか、イタリア語教室の仲間たちと飲みに行くことすら自分には難しい、と言いました。なぜなら、S子さんが一人で出歩いたりすると夫の顔色が曇るから、とのことでした。

一人っ子の娘はもう中学生ですし、母親がたまに友人と飲みに行くくらいのことが出来ないというのは、ずいぶん時代錯誤な気がしました。S子さんの夫はそんなに封建的な男性なのでしょうか？

もっと正直な私の感覚で言えば、夫に殴られるわけではなく、たかが「顔色が曇る」くらいのことで、自分のやりたいことを諦める従順さも理解できませんでした。

そこでよくよく話を聴いていくうちに、私はS子さんの「夫によって家に閉じ込められている感覚」は、実際に夫によってもたらされたものではなく、S子さんが母親から受け継いだ「心の傷」ではないかと考えるに至りました。なぜなら、夫が実際に言葉で「飲みに行くな」「出かけるな」と発言したことは一度もなく、夫が「S子さんに出歩いてほしくない」と実際に思っている証拠が見つけられなかったのです。

さらに、S子さんは母親の考え方に影響を受けていることを認めました。

S子さんの母親は次のような価値観を持っていました。

「女性は稼ぎのいい夫を持つことが最上の幸せ。女性はどんなに頑張っても男性ほどには稼げるようにはなれないし、野心など持てば傷つくことのほうが多い。だから自分を大切にしてくれる稼ぎのいい夫を大切にすることが女性の幸せである」

なるほど、それでS子さんは、稼ぎのいい夫の顔色が少しでも曇るようなことはするべきではない、と考えるようになったのでしょうか。

しかし私は、これだけでは話が単純すぎる気がして、S子さんの母親についてもう少し尋ねてみました。すると、結婚以来ずっと専業主婦であるS子さんの母親は、なぜか英語の教員免許を持っていました。それを聴いて、私はすべての辻褄《つじつま》が合ったと感じました。

学生時代に海外での活躍を夢見ていたS子さんとまったく同じように、S子さんの母も若かりし頃、語学力を活かして国際的な活躍をすることを夢見ていたのではないでしょうか。

しかし何らかの事情で、その夢は叶わなかったのでしょう。S子さんとS子さんの母親は、まったく同じ道を辿《たど》っているのです。

これが、親の未解決の問題を子どもが継承したということです。

子どもは親の幸せに貢献しようとする生き物である

親の中には、自分の人生選択を自分の子どもに否定されたくない、肯定してもらいたいという心理を持つ人がいます。S子さんの母親は稼ぎのいい男性と結婚し、英語を活かす道を諦めた自分は最高に幸せな人生の選択をした女性なのだと、娘に認めてほしかったのだと思います。そして娘は、そうした母の願いを感じ取り、母の人生を否定しないように、母と同じ人生を歩んだのでしょう。

子どもというのは、常に親の幸せのために生きようとする性質を持っています。

例えば、学校でいじめに遭っていても親に打ち明けられず、不幸にも自殺してしまう子どもがいますが、なぜ親に話せないのかというと、恥ずかしいからではありません。親の打ちのめされた顔を見たくないからなのです。

親は、自分の子どもが学校で友人たちに恵まれ、楽しく過ごしていることを願っています。子どもはその期待に応えたいのです。まさか、お母さんが縫ってくれた体操着袋をズタズタに切り裂かれたなどと口が裂けても言えない、と子どもは思うのです。

私の息子にも、小学3年生の時のこんなエピソードがあります。

ある日、放課後に友だち数人と遊ぶ約束をしていると言っていたのに、約束の時間になっても息子はぐずぐずとして出かけません。

「約束したのに、出かけないっておかしいね」

と、私はひと言声をかけ、パソコン仕事をしていました。

すると、しばらくして息子が私のほうへ来て、

「あの……そしたら、ちょっと話すけどね……」と言って事情を語り始めました。

その内容は、私にしてみれば大したことのない、子ども同士のちょっとしたイザコザの話でした。

しかし、小3の息子は話しているうちにだんだん大泣きになっていました。子どもにしてみれば大きな人間関係の悩みだったのでしょう。ひとしきり泣きながら話し終えると(私はうんうん、と聞いただけでした)、気持ちを切り替えたのか、遊びに出かけました。

私が驚いたのは、息子の帰宅後のことです。何事もなかったかのようにケロッとして夕飯を食べながら、息子が言いました。

「今日ね、最初ママに話したくなかったのは、僕が友だちに嫌われているんだってママに思われたくなかったから。僕はママにそう思われるのが一番イヤだったんだ。だけど話したらスッキリして大丈夫になった」

友だち同士の問題自体はスッキリ解決したわけでもなさそうでしたが、息子にとってそれはもはや大した関心事ではなく、重要なのは母親にどう思われるかだったのでした。

こんなふうに典型的な子どもの心理を、しっかりと言語化して伝えてくれた息子に感謝しました。

このように子どもというのはその年齢に関わらず、親の期待に応えたいものなのです。

話をS子さんに戻しましょう。

S子さんは母親の期待を感じ取り、母親の人生を肯定すべく同じ道を歩んだけれども、どこかで違和感を感じていたのでしょう。なぜなら、母親は心の奥底で自分の人生を肯定などしていなかったからです。

S子さんの母親が言った「女の幸せは稼ぎのよい男と結婚すること」という価値観は嘘だと私にはわかります。本当に心から自分の人生に満足し肯定している人は、そのように強固で一面的な価値観を持ちません。人の幸せや選択は人それぞれだとわかるものです。

S子さんの母親はそのように偽物の自己肯定感を持っているため、娘に肯定してもらうことでその価値観を強固にする必要があったのです。

そしてそういった母親の価値観を、無意識で感じ取っているS子さんは、なんとなく閉じ込められているような窮屈さを感じ、「この窮屈感は、夫からくるものだろう」という誤解をしたのでしょう。

このような誤解を心理学の用語で「**すり替え**」と言います。

母親の未解決の問題を受け継いだことが自分の「心の傷」なのだと気づいてしまうと辛すぎるため、(母親を否定しないために)夫のせいにしたほうが辛くないと無意識に判断しているのです。そのような時に「すり替え」という現象は起こります。

S子さんが、自分の心が生み出した「窮屈感」の問題をどのように解決し、新しい夫婦システムを作り出したかは、後述するテクニック解説の中で紹介します。

誰でも自分の人生を自分の思い通りに生きたい、夫婦関係のみならず、自分の思い通りに人間関係を築きたいと思うはずです。それを実現するためには、自分の原家族（親）について出来るだけ知る努力をしたほうがいいでしょう。自分が知らない親の「未解決の問題」が、あなたとあなたの人間関係に影響を及ぼしていることがあり得るからです。

自分の「欲望」に素直になること

前章で紹介したケース⑤の腰痛のE子さんは、子どもはもう産みたくない、仕事で活躍したい、というのが本心だったのですが、「そんなふうに思ってはいけない」と自分を否定し、戒めていました。

彼女の場合は、夫をがっかりさせたくなかったということと、もう一つ、世の中には女性が「子どもを産みたくない」とはっきり言うことに眉をひそめる価値観を持つ人もいることを気にしたのかもしれません。

しかし、もしあなたが「ありのままの自分」を見つけたいのであれば、そうした「世間一般の価値観」であるとか、倫理意識、常識などに縛られるべきではありません。自分の本当の欲望に素直に向き合い、それを認めることが必要です。それがどんなにネガティブな内容であっても、どんなに人から批判されそうなことであっても、あるいは実現不可能なことであっても、自己批判せずにいったん認めて、受容してください。

また、受容したからといって、それを実現しなければいけないということでもありません。ただ自分の欲求・欲望を受容することが必要なのです。

摂食障害のセラピストで、著作家でもある米国人のジェニーン・ロス（Genine Roth）は、著作『食べすぎてしまう女たち』原題"When food is love"の中で、ジェニーン自身が摂食障害を克服する過程を克明に描き出しています。

自分の食欲を完全に無批判に受容し、食べたいものを食べたいだけ食べ続け、いったん22キロオーバーまで太った後に、自然にスリムな正常体重になり安定するまでの過程を述べています。

ジェニーンは、それまで母親から「あなたの食欲は底なしなんだから、注意して自分の食欲をコントロールしなくてはダメ」と洗脳するかのように言われ続けたために、自分の食欲を否定して生きてきたのですが、自分を生かすための自分の大切な一部分（食欲）を批判し、監視し続けることが自分にとって有害だったのだ、と気づきました。そして自分の自然な食欲を受容し心から信頼すれば、必ず適性体重に落ち着くはずだと信じて、彼女なりの「本当のダイエット」をおこない、成功したのでした。自分自身ないし自分の欲望を心の底から受容するとは、例えばこのようなことです。

実は私自身が摂食障害からの回復者ですので、ジェニーンのおこなった「自己治療」と考え方がよく理解できます。

私は十一歳の時に拒食症になり（当時は摂食障害という言葉はどこにもありませんでした）、その後、二十五歳まで過食嘔吐を毎日続ける生活をしていました。二十五歳の時には、私は精神医学や心理学を勉強し尽くし、摂食障害について立派な専門家と言えるくらいに詳しくなっていましたが、自分自身を治すことは出来そうになく、自分を恥じて生きていました（当時はまだセラピストではありませんでした）。

そんな時、父親が癌で急死しました。死の前、数か月間の父の苦しみ方は想像を絶するもので、私は自分の摂食障害などもう治らなくていいから父を救ってください、とあらゆる神に祈りました。しかし父は、壮絶な苦しみの中で亡くなりました。

その後、私の摂食障害はいつのまにか、消えるように治っていました。今の私には、この時なぜ、私の十五年間にもわたる頑固な摂食障害が消え去ったのかがよく理解できます。私が「摂食障害は治らなくていい」と自分自身を受容したからです。

「治そう」「治りたい」と思っているということは、「今の自分ではダメだ」と思っていることと同義です。自分を「治そう」とする努力は、自己否定の努力なのです。それではいつまでたっても「ありのままの自分」を受容できませんから、摂食障害は治らなかったのです。

ジェニーンが自分の食欲を全面的に肯定・受容した結果、「ありのままの自分の自然な食欲」を取り戻せたように、私は自分が摂食障害者であることを全面的に受容した時（感覚としては開き直ったという感じでしたが）、摂食障害という自己否定の「症状」は不必要になったのだと思います。

隠れた「自己否定」が危ない

時おりクライエントの中に、自分が摂食障害であることや、自分自身や家族の誰かが「社会的引きこもり」であるとか、精神障がい者であることなどを恥じて、世間から隠そうとする人がいます。そうした世間や自分自身への態度は「自己否定」そのものであり、自己受容からほど遠い心理状態です。そのような自己否定や恥の感覚にまみれている人は、悩み・苦しみが長く続いてしまうでしょう。

「自分はもっと出来るはずなのに、サボっている。（いろいろ問題があって）全力を出せていない」というのも、一見向上心が高いようですが、実は有害な自己否定でしかない場合があります。

自分の子どもについて「本当は能力があるのに、今の状態はもったいない」と言う親も危険です。それは子どもの現状を全面的に否定しているだけの言葉であり、励ましにも何にもなっていません。逆説的になりますが、現状を「ありのままの自分」「ありのままのその人」として受容・肯定することが、問題解決への一番の近道だと私は考えています。

「悩み」にはメリットがあるという「逆説」に気づこう

前章のケース②やケース⑤からわかるように、「悩み」にはメリットがあることがあります。今ある自分の悩み・苦しみにメリットなんてあるはずがない、今すぐにでも解決したいのだから、と思うかもしれません。しかし、今のあなたの悩みが数か月、あるいは数年以上も続いているのなら、そこにはメリットが隠れているかもしれないと考えてみるべきです。

ケース②で夫の過去の不倫の記憶に悩まされたB子さんは、それを思い出すことにメリットがあることに自ら気づきました。ケース⑤では、肉体的苦痛ですら、メリットをもたらすことがあると明らかになりました。

あなたが配偶者や家族のことで悩んでいる、あるいは苦しんでいるのに長い間解決できていないとしたら、一度真剣に自分にこう問いかけてみてください。

「もしも、この悩みが今すぐきれいさっぱり解決してしまったら、その後の自分はどうなるだろうか？」と。

「悩みが消えたらもちろん、毎日幸せで充実する」と思うでしょうか。

もしそうなら、充実した毎日の中身を限りなく具体的に、リアルに想像してみてください。そこには、本当に新しい試練や苦労はないと言えるでしょうか？

「悩みにはメリットがある」ということをとても上手く描き出した映画に『英国王のスピーチ』原題"The King's Speech"があります。吃音症《きつおんしょう》だった英国王ジョージ六世（エリザベス現女王の父）を、1人のセラピストが治療する実話で、映画のネタバレになってしまいますが、内容を紹介します。

ジョージ六世は次男ですので、王位継承権は長男である兄デヴィッドのほうにありました。しかしデヴィッドは英国王になることよりも、2度の離婚歴のあるアメリカ人女性との恋愛結婚のほうが自分の幸福であるとして、一般市民として生きることを選んでしまいました。そこで吃音症のジョージに王位がまわってきてしまうわけです。ジョージは乳母に虐待されていた幼少期があり、心に大きな傷のある男性です。しかしジョージには献身的に彼を支える妻がいて、ジョージを治療してくれそうなセラピストを見つけてきてくれます。

それまで、何人もの「高学歴の著名なセラピストたち」がジョージを治療しようとしてきましたが、誰も成功しませんでした。妻が見つけたセラピストは無資格で、貧しい売れない役者でもある中年男性でしたが、妻はこのセラピストを信頼します。

そしてジョージと妻とセラピストの3人で「治療的取り組み」が始まります。セラピストはジョージが、「心の傷」のせいで自分に自信がなく、英国王に相応しくないと思い込んでいるために吃音症という問題を手放せないのだと気づいていました。つまり、ジョージが**吃音症であり続ければ、**周囲は「彼は王に相応《ふさわ》しくない」と判断するでしょうから、英国王という**重責から逃れることが出来るというメリット**があるのです。

しかし、そんなふうにジョージ本人に説明したところで否定されるだけでしょう。それもわかっているセラピストは、そんな説明はせずにジョージとの親密な関係を築きます。セラピスト自身も、自分が売れない役者として心に傷を持っていることも明かします。このセラピストは自己受容が出来ているため、心に傷があるけれどもそれをコンプレックスとはしておらず、むしろ自分の強みとして人を治療できる人なのでした。
ついにジョージはそんなセラピストを心から信頼するようになり、セラピストに導かれて、英国王として厳《おごそ》かに「開戦のスピーチ」をするラストシーンはとても感動的です。
「心に傷があることは英国王になるうえでなんの支障にもならない」とジョージは悟ったのでしょう。そして、英国王という栄誉ある重責を引き受け、吃音症を手放したのでした。

このように、長引く問題や症状というのは、実はそれを克服した先にある「もっとハイレベルな問題」を避けるために、無意識的に解決しないままでいるということがあり得るのです。吃音症を克服して英国王になるということが楽なことであるはずがありません。「英国王という責任」「国民からの期待」「自分のことより国のことを優先しなければいけない生活」などが、この先の生活に待っているのです。吃音症に悩んでいたほうが楽な生活だったかもしれません。

そのようなわけで、今、長引いている家族の問題を抱えている方は、それがどのように解決するかはさておき、とにかく「解決した後の生活・解決した後の自分」を出来る限りリアルに想像してみることをお勧めします。

そこには何らかの困難が浮上するかもしれず、その困難こそがあなたが取り組むべき真の課題かもしれないのです。その真の課題に取り組むことが出来れば、あなたを取り巻くシステムは自ずと変更されてしまうことでしょう。

＊『育児室からの亡霊』ロビン・カー・モース／メレディス・S・ワイリー著・朝野富三／庄司修也訳（毎日新聞社刊・原題"Ghosts from the Nursery" 2014）

＊『食べすぎてしまう女たち』ジェニーン・ロス著・斎藤学訳（講談社刊・原題"When food is love"1991）

＊『英国王のスピーチ』（原題"The King's Speech" 2010）

第3章
すぐに使えて
変化を促す
“システムズ・アプローチ”

コミュニケーションの悪循環を断ち切り
好循環システムをつくる

システムズ・アプローチ

システムズ・アプローチという家族療法の考え方があります。

第1章で私が夫婦のクライエントにおこなってきたカウンセリングは、基本的にはこの考え方に準拠しています。

システムズ・アプローチとは、文字通り「(人間関係の)システムにアプローチすることで、問題を解決する方法」のことです。

1950年代くらいから提唱されてきた家族療法の方法論のひとつなのですが、日本では残念ながら、あまり盛り上がったことがありません。心理学やカウンセリングに興味を持つ人は最近多いですが、日本で家族療法というものが流行ったことは過去に一度もないでしょう。

その理由は、おそらく一個人の内面を扱う個人カウンセリングよりも家族療法は難易度が上がるため、実践している治療者が少ないというシンプルな理由と、「家庭内の問題は他人に言いたくないし、言ったところで我が家の特殊な事情は誰にも理解されないだろうから」という、日本人の閉鎖的な家族観があるからではないかと私は感じています。

夫婦も家族も多種多様なのだから、型通りの理論に当てはめて「治療する」なんて無理だろうと批判的に考える人がいるかもしれません。しかし、人の心には一定の法則があるから心理学が成り立つように、夫婦や家族にも法則があり、「治療する」ことは可能です。

人間は、もともと集団生活をする動物であり、自分が属する社会（集団）に順応して生きていく性質を持っています。その集団の最小単位が「夫婦」であったり「親子」であったり「家族」であったりするわけですが、複数の人間が一緒に生活すれば必ず「コミュニケーションのシステム」が自然発生します。

そのシステムが、家族メンバー全員にとって自然で、快適なものであれば何も問題はないのですが、誰かにとって快適ではない場合、あるいは誰にとっても本当は快適ではないのに無意識に皆が我慢している場合などに問題が発生するのです。

そしてその問題は、夫婦の不和や、立場の弱い家族メンバー（主に子ども）の「心の病」などによって表現されます。

皆さんが頭を悩ませている現象〝これさえなければ我が家は幸せなのに〟と思っている「問題」（例えば、子どもの不登校や配偶者の浮気や依存症の問題など）は「旧システムが限界にきているサイン」です。旧システムを変更せずに、いきなり子どもが元気に学校へ行くようになるとか、配偶者が浮気をやめる、ということは起き得ないのだ、と考えてください。もう上手く機能していない旧システムに固執して、目の前の問題だけをなんとかしようとすればするほど問題は悪化するでしょう。

私のカウンセリングでは、悪循環に陥った夫婦ないし家族システム（旧システム）を好循環の新システムにするための介入をし、家族メンバーが誰も苦痛を感じないシステムに変更することを目指します。

この章では、読者の皆さんが具体的に取り組めそうな「システム変更のテクニック」を紹介します。

システム変更のテクニック①

原因・結果論ではなく好循環と悪循環で考えよう

この本を読んでいるあなたは今、夫婦関係や家族の問題に悩んでいるのかもしれません。「ありのままの自分を表現し、受容し合うコミュニケーション」と言われても、自分たち夫婦の場合は相手の人格や行動に問題があるとしか考えられない、問題は自分ではなく相手にある、と感じている人もいるかもしれません。

これは「原因・結果論」の考え方です。人間にはそのように考える本能的な部分がありますので、そう考えてしまうのは仕方ないとも言えます。

さて、夫婦カウンセリングで一番最初にセラピストが直面するのは「先生は、（妻と夫）どちらが正しいと思いますか？　どちらの味方ですか？」という無言の問いかけです。来談したクライエントが夫婦のどちらか一方だけであっても「先生は私の味方ですか？

それとも夫（妻）の肩を持ちますか？」という暗黙の問いかけをされている、と私はよく感じます。ですが、システムズ・アプローチに則《のっと》ったセラピストである私には、この質問は無効です。何か原因（ダメな人や行動）があって、結果（例えば不仲）があるとは考えないからです。

前述しましたように、悪循環のシステムがそこにあり、誰も苦痛を感じないシステムにするためにコミュニケーション・パターンの変更が必要である、というふうに考えます。

不登校など、子どもの問題行動や症状の場合も同じです。

原因（悪い親・ダメな行動や言動）があって、結果（症状や問題行動）がある、とは考えません。すべては悪循環システムが引き起こした問題であると考えます。

ですから、「（どちらか）悪いほうを矯正する」という発想はなく、「変えられそうなコミュニケーションのポイント（介入ポイント）から変える」という考えでアプローチしていきます。

家族のシステムが好循環なら、仕事もうまくいく、ストレスに強くなる

コミュニケーションは相互作用であり、第1章の夫婦の各ケースでも図解していますように、一方通行ではなく常に円環構造です。

Aさんがこう言ったことに対して、Bさんがこう反応し、それに対し、またAさんがこのように反応し、それに対してBさんはこう反応し……とラリーは続きます。

Aさんにも Bさんにも固有の反応パターンがあり、たいていの場合「いつも似たようなやりとり」になるのが家族のコミュニケーションです。

例えば、これがAさんとCさんだと、また違ったパターンになるはずです。AさんはBさんに言ったのと同じことをCさんに言ったとしても、CさんはBさんとは違う反応をします。そのため、Aさんの反応もまた変わります。ですから、コミュニケーション・パターンは相互作用で成立しており、どちらか一方の性質だけで決まるわけではありません。

人の性格というのも、決して一面的で不変なものではなく相手とのコミュニケーションによって変わります。

例えば、AさんがBさんに何かを伝え、その言い方（声のトーン、ちょっとした言い回しなど）がBさんにとって不快だったとします。するとBさんは怒り口調で返答します。Aさんは、どうしてBさんが不機嫌になったのかわからず、「Bさんって、怒りっぽい人だな」と思うかもしれません。Bさんのほうも、「Aさんて嫌な言い方をする人だな」と思うかもしれません。

このAさん、Bさんが夫婦である場合、「あなたは怒りっぽすぎるのよ」「いや、キミの言い方がいつもトゲトゲしいんだ」と相手を批判するコミュニケーションに発展してしまうかもしれません。

そして、いつもいつも批判されていると、たとえ反発していても人は徐々に自尊心を削がれていきます。「私の言い方って、なにか人を不快にさせるのかな？」「僕は人より怒りっぽすぎるのだろうか？」と自分に自信が持てなくなってくるでしょう。

ところが、Aさんがまったく同じことをCさんに言ったとしても、Cさんにとってその言い方はとくに不快ではなかったとします。Cさんは怒ることなく普通に反応したとすると、AさんとCさんが互いの性格を批判し合うことは起こり得ないでしょう。Aさんは自分の言い方を批判されないので、「私の言い方は人を不快にさせる」などと悩むこともありません。

こうして家族の親密なコミュニケーションは、そのパターン・相互作用によって、人の性格や人間関係や生活全体に影響を及ぼします。つまり、夫婦や家族の親密で恒常的なコミュニケーションの質が悪ければ、個人の性格や職場での能力や人間関係にも悪影響を及ぼすのですが、ごく日常的な現象のため、自分ではそのことになかなか気づけません。

ある三十代の医療従事者の男性は、コロナ患者の急増による多忙の時期に、過労でうつ病になってしまいました。彼の話をよくよく聴いてみると、妻は子育てに関して高い理想を持っている女性で、夫が父親として子どもにどう関わるか、ということにも注文が多いそうです。そうした妻の「注文」が、コロナ禍で子どもが学校や保育園へ行けない時にさらに増えてしまい、時には「あなたはそれでも親なの！　父親としての自覚が足りない」と叱責されてしまうこともあったということでした。

彼は職場でも多忙を極めていましたから、休息する場所がどこにもないと感じたそうです。それでも職場とプライベートは別だと考えて、気持ちを切り替えて頑張ろうとしたそうですが、職場でミスが増え続け、ついに休職するように言われてしまいました。

こうした時、職場では彼のプライベートは見えませんから、「皆が頑張っているのに、このくらいの多忙でメンタルダウンするとは弱いな」と上司や周囲から思われてしまうかもしれません。

しかし私に言わせれば問題は、この男性個人の「弱さ」ではなく、男性の家族システムに、状況に応じて変化する柔軟性がなかったことです。

コロナ禍のようなことが起きなければ、彼の家族システムは、妻の「注文」が少しくらい多くても、そこそこ機能していたのでしょう。しかし、社会の要請に応じて柔軟に変化できない、柔軟性のない家族システムは突発的な事故や災害のような出来事に弱く、このように誰かが倒れることにもなり得ます。家族システムが柔軟で好循環であることは、家族メンバーが職場で元気に能力を発揮できるということにもつながるのです。

家族の誰かがメンタル疾患を発症した時には、もう元のシステム（旧システム）に戻すことは出来ないものと考えましょう。そして、それまでしなかった（したくなかった）

「何か」を試してみてください。

例えば、それは家事代行サービスを頼むことであったり、子どもを保育園に預けておく時間の変更であったり、配偶者の親と仲良くすることであったり、ご近所の親切な人の手を借りることであったり、自分のやることとの優先順位を変えることであったり、さまざまです。

「これだけは出来ない・したくない」と思っていたことをしてみたら、意外と快適だったということはよくあるものです。

システム変更のテクニック②

「問題発生」はシステム改善のチャンス

わかりやすく大きな問題が発生した時は、システム改善のチャンスです。

ご紹介した夫婦のケース③の六十代の成功者とその妻のケースで、妻が夫から「死ね」と言われたという「事件」が大きなターニング・ポイントとなったように、夫婦や家族にとって最悪と思えるような出来事が勃発した時こそ、システム変更の大きなチャンスであると考えてください。

夫婦問題だけでなく、家族問題ではいつでも「最悪の事態」はシステム変更のチャンスであり、「元のシステムには二度と戻らない・戻そうとするべきではない」のです。

この場合の「最悪の事態」とは、例えば前述の「死ね」のような「これまでにない最悪の言葉を投げつけられた」ことであるとか、これまで言葉の暴力だけで留まっていたが、初めて暴力を振るわれた（怪我をした）とか、これまで巻き込んでいなかった人を巻き込

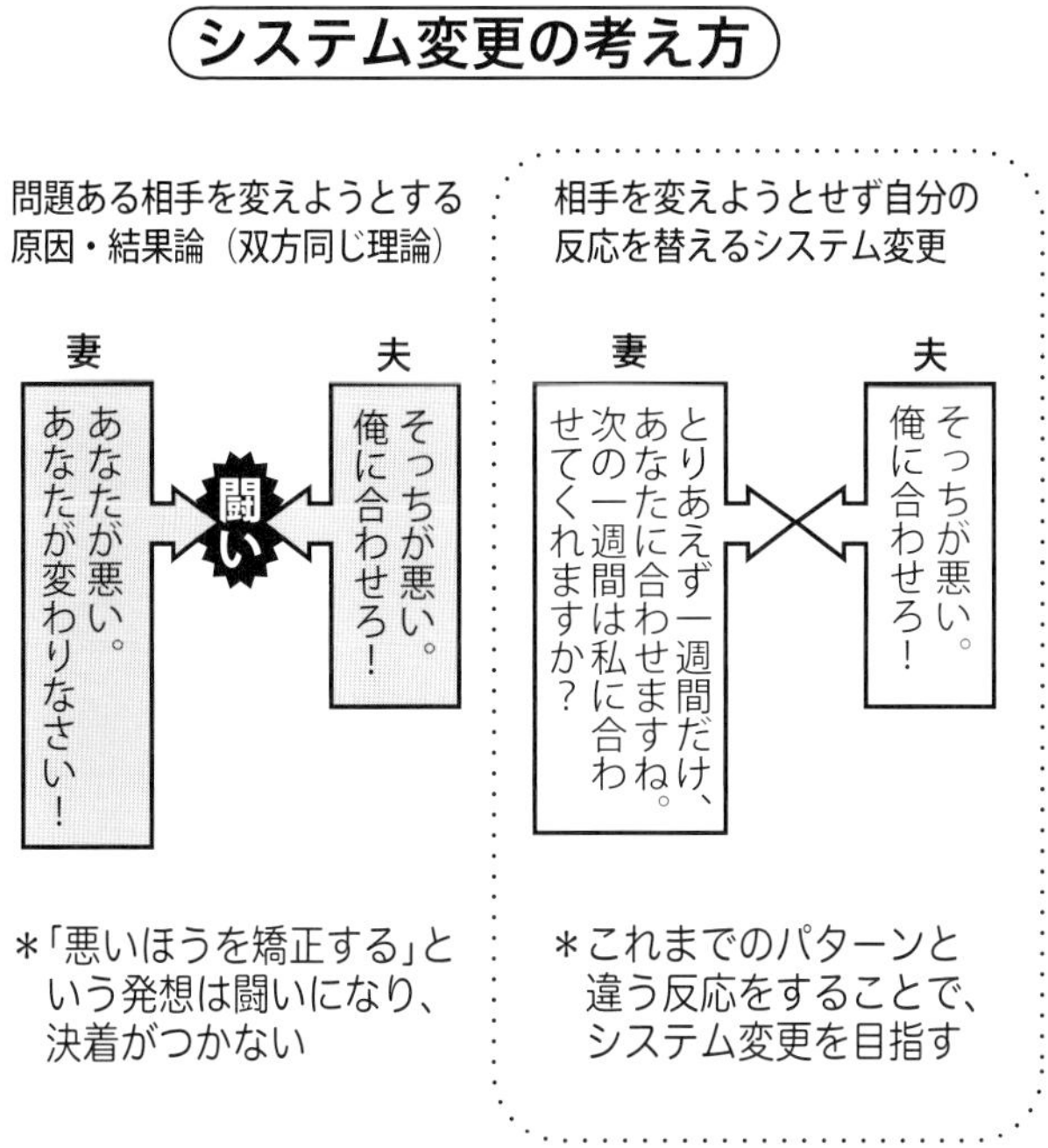
システム変更の考え方
問題ある相手を変えようとする原因・結果論（双方同じ理論）
妻
あなたが悪い。あなたが変わりなさい！
闘い
夫
そっちが悪い。俺に合わせろ！
＊「悪いほうを矯正する」という発想は闘いになり、決着がつかない
相手を変えようとせず自分の反応を替えるシステム変更
妻
とりあえず一週間だけ、あなたに合わせますね。次の一週間は私に合わせてくれますか？
夫
そっちが悪い。俺に合わせろ！
＊これまでのパターンと違う反応をすることで、システム変更を目指す

んでの大騒ぎになったなど、たいていは命に関わるまではいかない「最悪の事態」であるはずです。命に関わるところまではいかない、ということがポイントです。

ここで、もしも無理に元のシステムに戻すような働きかけをしてしまうと（つまり、いつもと同じパターンのコミュニケーションで事態を無理に収束させてしまうと）、その次には命に関わる事態に発展するということも、問題によってはあり得ます。

システム変更のテクニック③

目に見える「変化・変更」

時おり、家族内の問題で子殺し、親殺しや心中や自殺という悲惨なニュース報道に触れるたびに、もっと手前で「システム変更」のサインが出ていたはずなのに、それを軽視した結果ではないかと心を痛めています。

私の師匠の1人でもある児童心理学者の内田良子先生は、ある十七歳の女子高校生のカウンセリングで重大な告白をされました。

「夜中に寝ている母を刺し殺したくなる衝動を必死で抑えています。たぶん、この気持ちを母に伝えたら、母はきっとあんたにそんなことできるわけないじゃない！　とか言って笑うと思います。笑われたら本当に殺すしかなくなるので、母には言えません」

これを聴いた内田先生は、即座に母親を呼び出しました。そして、

「あなたの寝室に鍵がないなら鍵を取り付けなさい。そして寝る時は必ず鍵をかけてください。あなたはお嬢さんに殺される恐れがあります」

と、真剣に忠告しました。

母親は、権威ある内田先生の言葉に恐れをなして、すぐ寝室に鍵をつけました。

この十七歳の娘は、内田先生に感謝しました。

娘の感謝の意味は2つあります。母親を殺さなくて済んだことと、自分の真剣な思いが、初めて母親に重く受け取られたことの嬉しさです。

これも一つのシステム変更の例です。それまで母親は、娘を自分の付属物のように扱い、娘の気持ちよりも母親自身の思いを押し付ける接し方をしていました。しかしそのような親子システムが限界に達したために、娘が「殺したい」という思いを外部（内田先生）に発信したのです。

この「システム変更のサイン」を見逃さなかった内田先生が、強力に親子関係に介入して（娘の味方になることで）母親の強すぎるパワーを下げ、システムを変更したのです。

親子カウンセリングをして話し合いをさせるなどよりも、物理的に鍵を取り付けて、就寝時に母親は鍵をかけるという具体的で実際的な変化を起こすことが非常に有効だったと言えます。システム変更ないし改善で重要なのは、「内面の変化」よりも「実際的・具体的な目に見える変化」だということを覚えておいてください。

システム変更のテクニック④

小さな変更が大きな変化を生む

「最悪の事態」を待たなくても、普段のコミュニケーションの悪循環にちょっとした変更を加えることも可能です。

私のワークショップに参加した、ある妻の例を紹介しましょう。

M子さんは、どんなに言っても夫が育休中のストレスを理解してくれないことに猛烈に腹を立てていました。

「少しでも子どもたちと離れていられる時間が欲しいの」

と言ったところ、夫は、

「その言い方は、まるで子どものことが可愛くないみたいだ」

と言いました。

「いくら可愛くても、常に手のかかる乳幼児2人と四六時中一緒にいることが、苦痛にならないとでも思っているのでしょうかね！　夫の想像力のなさに呆れ果てました。あまりに腹が立ったので、だったらあなたが代わりに育休をとって、家事をしながら子どもたちとべったり一緒に1週間、過ごしてみなさいよ！　と怒鳴り散らしてしまいました。

それでも夫は、そんな非現実的なことが出来るわけないだろう？　それに土日はちゃんとオレも子どもたちの相手をしているじゃないかと冷ややかに言い、私の気持なんか欠片《かけら》も伝わりませんでした」

と、M子さんは怒りに表情を歪ませて話しました。

私は、その夫とM子さんの問題となったコミュニケーションの場面を、他の参加者に手伝ってもらってリアルに再現してもらいました。

M子さんは再現場面でも、自分に対して批判的な夫に怒鳴り散らして歩き回り、強い怒りと絶望感が伝わってきました。M子さんはこれ以上どうしたら夫に自分の気持ちが伝わるのかわからない、と言いました。

そこで私がM子さんになり代わり、コミュニケーション・パターンを具体的に変えることを試みました。

「その言い方は、まるで子どもが可愛くないみたいだ」と言われた妻である私は、演技でガタガタと身体を震わせて口に手を当て、悲劇のヒロインさながらにドラマチックに床に崩れ落ち、倒れたままさめざめと泣くふりをしました。すると、夫役をしてくれていた参加者の男性が、

「ど、どうしたの」

と、心配そうに駆け寄ってくれました。

私は、

「わ、わたしが子どもたちを愛していないと、そんなふうに思われるなんて、つらい……（泣きまね）身体が、動かない……」

と、床に横たわったままわざとらしい下手な演技を続けました。

すると夫役の男性は、

「とっ、とにかく座って、落ち着いて。話を聴くから」

と言って、私を抱えるようにして椅子に座らせ、私の前にひざまずいて心配そうに顔を覗き込みました。夫が話を聴く態勢になっていることが伝わってきたので、私はゆっくりとM子さんの気持ちを話しました。

ここまでを見ていたM子さんは、突然、

「そうなの、そうしたかったんです！　私の気持ちはまさにそうだったんだって見ていて思いました！」

と、大きな声で言いました。

自分は弱っているのだということを伝えたかったし、夫に労《いたわ》ってほしいと思っているのに、いつも力の限りに怒鳴りつけてしまうため、気持ちがまったく伝わらなかったのだと気づいたとのことでした。

「倒れればいいんですよ」

と、私は言いました。

相手の発言にショックをうけて怒鳴ってしまうというパターンを変えるために、怒鳴りたくなったら即座にその場に倒れ込む。それだけです。どんなにわざとらしくても大根演技でも構いません。これまでやったことのない、（できれば）劇的な反応をしてみることがお勧めです。それだけで悪循環システムを変えることが可能になることが多いのです。

【M子さん夫妻が陥っていた悪循環システム】

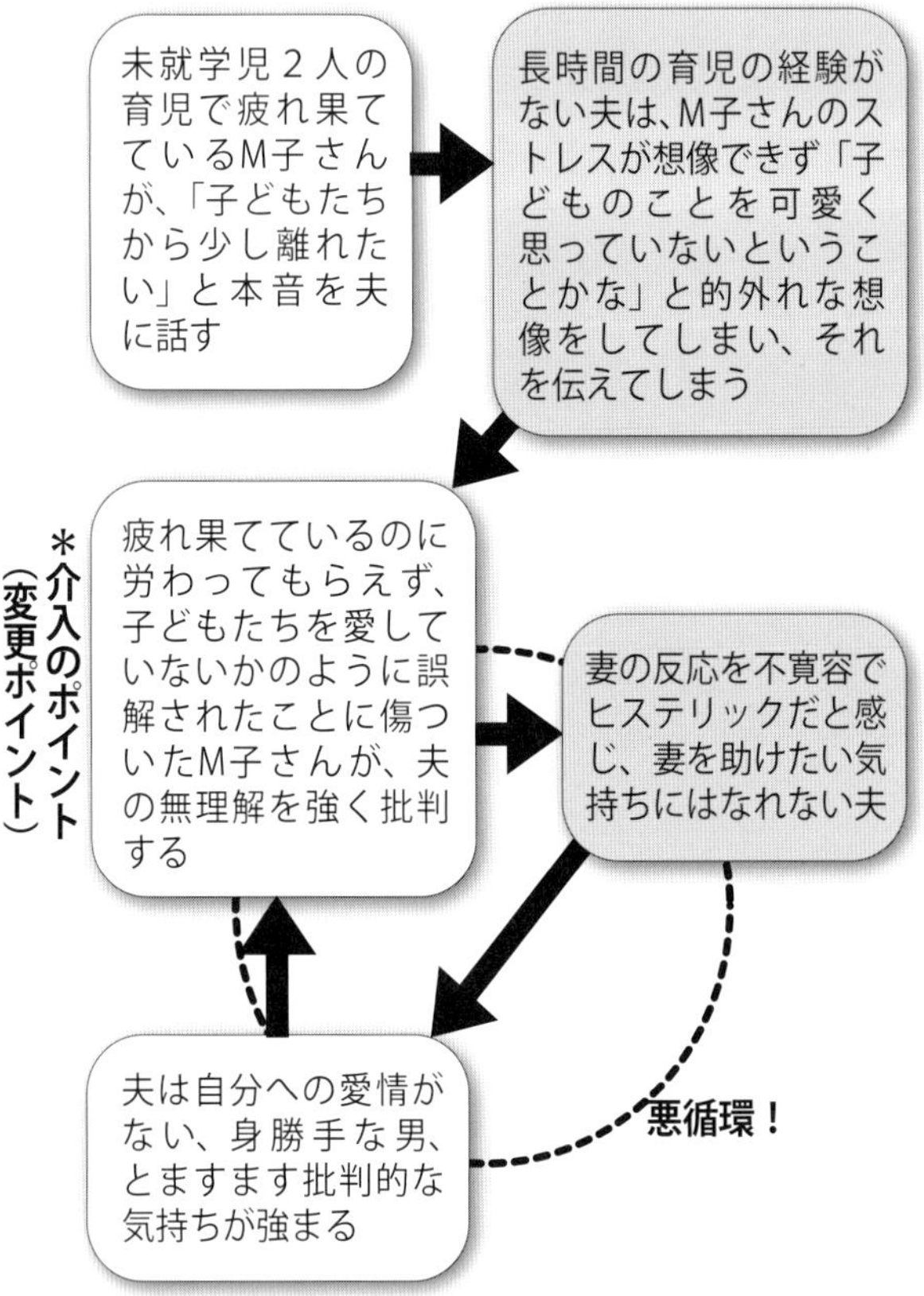
未就学児２人の育児で疲れ果てているM子さんが、「子どもたちから少し離れたい」と本音を夫に話す
長時間の育児の経験がない夫は、M子さんのストレスが想像できず「子どものことを可愛く思っていないということかな」と的外れな想像をしてしまい、それを伝えてしまう
疲れ果てているのに労わってもらえず、子どもたちを愛していないかのように誤解されたことに傷ついたM子さんが、夫の無理解を強く批判する
＊介入のポイント（変更ポイント）
妻の反応を不寛容でヒステリックだと感じ、妻を助けたい気持ちにはなれない夫
夫は自分への愛情がない、身勝手な男、とますます批判的な気持ちが強まる
悪循環！

【パターン変更後の好循環システム】

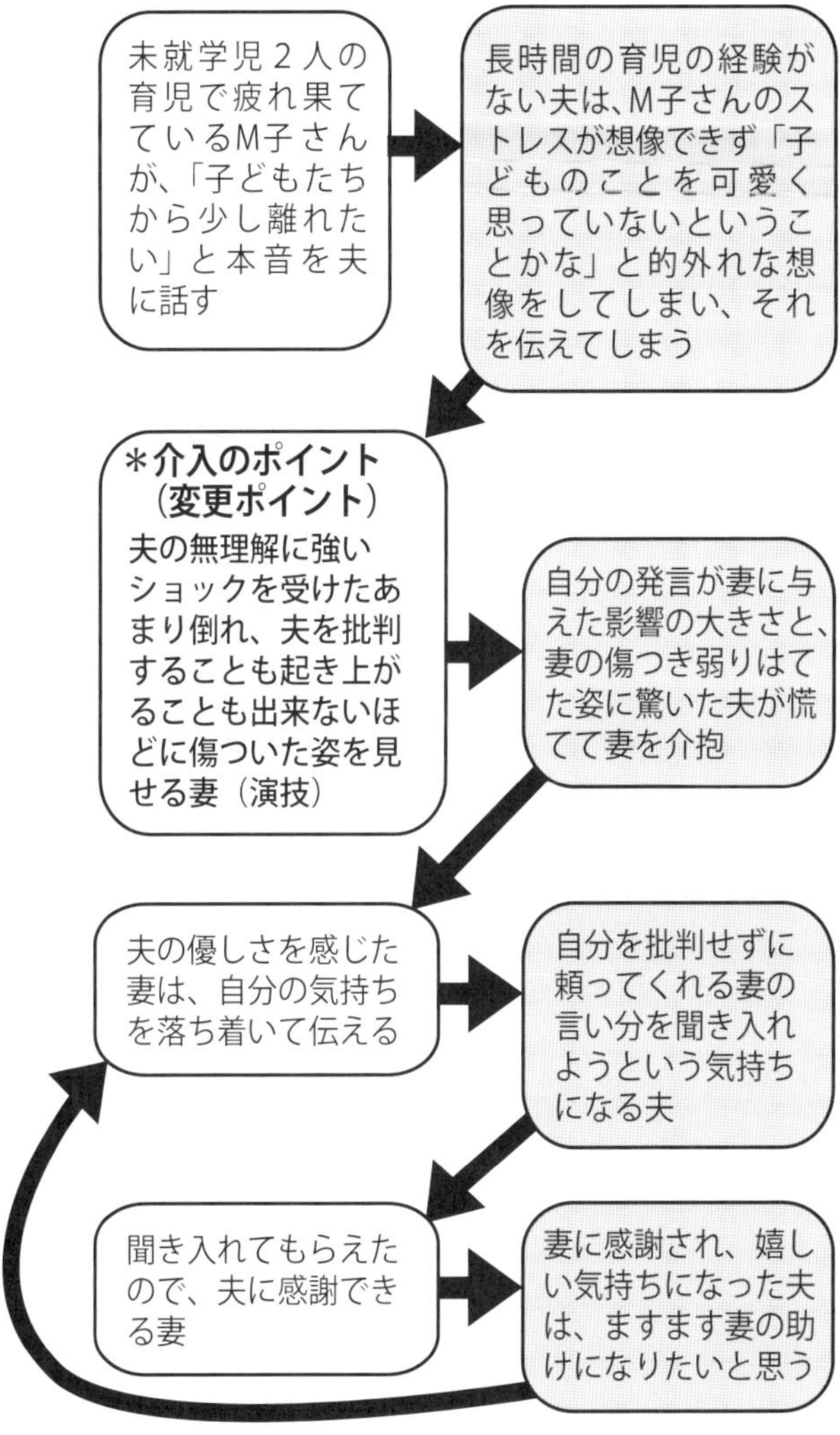
未就学児２人の育児で疲れ果てているM子さんが、「子どもたちから少し離れたい」と本音を夫に話す
長時間の育児の経験がない夫は、M子さんのストレスが想像できず「子どものことを可愛く思っていないということかな」と的外れな想像をしてしまい、それを伝えてしまう
＊介入のポイント（変更ポイント）
夫の無理解に強いショックを受けたあまり倒れ、夫を批判することも起き上がることも出来ないほどに傷ついた姿を見せる妻（演技）
自分の発言が妻に与えた影響の大きさと、妻の傷つき弱りはてた姿に驚いた夫が慌てて妻を介抱
夫の優しさを感じた妻は、自分の気持ちを落ち着いて伝える
自分を批判せずに頼ってくれる妻の言い分を聞き入れようという気持ちになる夫
聞き入れてもらえたので、夫に感謝できる妻
妻に感謝され、嬉しい気持ちになった夫は、ますます妻の助けになりたいと思う

ユーモアで考え悪意を利用

M子さんは、私の「弱り切った妻演技」を見て、

「石川先生は、私が表現したくても上手く伝えられなかった本心を、見事に表現してくれたと思います。こんど夫の腹立たしい無理解な発言があったら、必ず今のように表現してみたいと思います」

と言ってくれましたが、実は私はそれほど深く考えて倒れたわけではありません。妻を演じている私の心にあったのは、実は夫への悪意です。

「わたし（妻）はあなたの子どもを2人も産み育ててあげているのに感謝の言葉もなく、何をくだらないことを言ってるの、この夫は。腹が立つから、少し脅かしてやろう。ここでわたしが倒れたら、自分がどれほど妻を傷つけたか気づいて反省するかしら」

と思ったのです。

夫の無理解に対する怒りや、攻撃したいというあなたの「ありのままの気持ち」はあってもいいのです。ただ、それを素《す》で怒りのままに表現してしまうのは、得策ではありません。自分にとって有利な状況を作るために、知恵を働かせてください。

システムを変更しようとする時は、「こうしてみたら、どうなるのかな？」と楽しむような気持ち、ユーモアが有効です。ほんの小さな変更や、ささやかな試みでかまいませんし、失敗してもかまいません。その経験が、自己理解や関係性理解にもつながります。

第1章の5つのケースのカウンセリングでは、実際に小さなシステム変更のチャレンジを要所要所で試みています。

例えばケース⑤、カウンセリング開始当初のE子さんは、夫が性風俗店へ行くのではないか、と心配していました。この時、私はそうした不安な気持ちをざっくばらんに夫に打ち明けることが出来ないE子さんの、夫への遠慮を感じていました。

E子さん夫婦は、ふだん性的な会話をすることはほとんどないということでした。

そこで私はE子さんに「ご主人の性的な好みってわかりますか？」と尋ねてみました。

性的な趣味・嗜好というのはＳＭ趣味などのような極端なものでなくても、誰にでも多かれ少なかれあるものです。他人には決して言わないそうした嗜好を「**性的ファンタジー**」と言い、極めてプライベートな話題ですが、夫婦という緊密な関係ではそれを共有することが可能です。

例えばアダルトビデオには膨大なカテゴリーがあり、男性の多くはそれらをまんべんなく見ているわけではなく、自分の好みのカテゴリーがあるのです。そこで、夫のそうした「趣味」を知っていますか？　と私はE子さんに尋ねたわけです。

E子さんはそんなことは考えたこともなかったと答えましたので、ちょっとそれを探ってきてくださいと宿題を出しました。探る方法は、夫に直接尋ねてもいいし、もしも共有のパソコンで隠しもせずにアダルト・サイトを見ているなら、そこから話題を見つけてもいいでしょう。

こうした性的コミュニケーションの新しいチャレンジは、多くの夫婦システムに新鮮な風を吹き込みます。残念ながらE子さん夫妻の場合、この変更アイデアではそれほど変化を起こせなかったのですが、夫婦によっては効果的な変化をもたらします。

日本の夫婦がセックスレスになる理由

夫婦関係を考える上で性的コミュニケーションは重要な話題ですので、ここでセックスレスの問題に触れておきたいと思います。

先進国の中でも日本はとくにセックスレスに陥る夫婦が多いと言われています（実質的な数値を出すのは難しいと思いますが）。

私のクライエント夫婦も多くがセックスレスの問題を持っており、中にはセックスレスというよりノンセックス（3年以上もセックスがない）状態で、しかもそれについては解決しようという気力もないという人もいます。

しかし、夫婦間に性的コミュニケーションが一切ないうえに浮気相手がいるでもないというのは、たいていの場合、どこかに無理がある状態です。もちろん、セックスだけが夫婦の性的コミュニケーションということではないので、セックスをしなくてもいつも手をつないで寝ているとか、夫婦それぞれの快適な在り方があるだろうとは思います。

日本人夫婦がセックスレスに陥りやすいのだとして、その理由として考えられるのは、日本人の性欲が欧米人に比べて弱いから、などということではありません。性風俗産業の種類の多さ、さきほども触れたアダルト・ビデオのカテゴリーの豊富さなどは、欧米人が驚愕するほどに日本は充実しています。その業界で動いているお金の額は、ほとんど国家予算レベルなのではないでしょうか。

つまり、それほど多くの創造的エネルギーを日本人は性的活動に費やしているわけですから、国民的に性欲が弱いわけがありません。そうではなく、日本人は欧米人に比べ、夫婦間で性的コミュニケーションを豊かにするという文化がなかったのです。

キリスト教では、ご存知の人も多いと思いますが、旧約聖書にモーセの「十戒《じゅっかい》」というものがあり「姦淫《かんいん》してはならない」という記述があります。また「七つの大罪」という言葉は聖書の言葉ではありませんが、キリスト教ではよく使われ、その中に「淫蕩《いんとう》」という罪があります。性的に奔放であることは大罪であるということです。そのため多くのキリスト教の宗派が、今も婚姻前の性交渉を禁じているか、よくないものとしています。

このような背景から、セックスをするためには結婚しなければならないという発想は、キリスト教文化圏の欧米人にとって長らくメジャーだったのです。そのため欧米人の夫婦は、結婚したからにはセックスを2人でぞんぶんに楽しもう、豊かにしようという発想になりやすい基盤があると言えます。

一方、日本では明治・大正・昭和初期まで婚姻は個人の男女の契約というより、家と家との契約という意味合いが強く、セックスについては「夜這《よば》い」の風習などもあり奔放なものだったことが民俗学的な研究で明らかになっています。

つまり、日本人は欧米人に比べてはるかに性的に自由奔放だった時代が長いのです。性的コミュニケーションの相手が複数いていいとなると、1人の相手と工夫して充実させようというコミュニケーションは、あまり必要なかったかもしれません。それで日本人は、夫婦間で性的な存在であり続ける努力をする習慣があまりないのではないかなと思います。

もっとも、夫婦間でしか性的関係を持ってはいけないとか、夫婦で互いに対して性的魅力を保ち続けなければいけないと強固に考えるのも無理があるように思います。夫婦のどちらも我慢や苦痛を強いられないのであれば、ノンセックスだろうと他に相手がいようと構わないと私は思います。

ただ私が言いたいのは、欧米人がよくて日本人がダメ、ということではなく、日本人夫婦は全般的に、もう少し性的コミュニケーションを豊かにする余地があるように思うということです。

システム変更のテクニック⑥

性的コミュニケーションは楽しく、豊かにしよう

夫婦の性的コミュニケーションを豊かにすることは、当然ながら夫婦の関係改善につながります。また男性は、妻から自分の男性性を認められることが仕事のモチベーションアップなどにも影響します。夫婦は、互いに必要とされていると実感できることで、自尊心が高まります。

くれぐれも品のないメディアの情報に踊らされてはいけません。既婚男性は妻に飽きているとか、妻以外の「遊び相手の女性」がいることがステータスなどの価値観を持つ男性が多数いるかのような言説がありますが、それが日本の既婚男性の主流だとは私は考えません。私が出会う既婚の男性クライエントや女性クライエントの夫たちは、たいていが妻を「唯一の女性」であるとして深く愛しています。

自分の容姿にコンプレックスがあり、性的な話題を苦手としていたある女性クライエントは、夫が何か性的な隠し事をしている様子を感じ、不安に陥っていました。

しかし、見えないものを恐れているとますます怖くなりますから、私は「勇気を出して夫の性的な秘密を探るということにチャレンジして欲しい」と言いました。

その結果、妻は夫が「ストッキング・フェチ」であるということを結婚後十年経って初めて知ることになりました。夫は、妻が性的な話題が苦手なことを知っているため、遠慮して自分の趣味を隠していたようでしたが、その態度がますます妻を不安にさせるという悪循環に陥っていたのです。妻は自分の容姿に自信がなさすぎて、夫が自分にストッキングを穿《は》いてほしいと願っているとは想像もしませんでした。

しかしカウンセリングを通して、自分が夫から愛されていることを信じ始めていた妻は、クリスマス・プレゼントとして、思い切って夫にセクシーなストッキングを渡してみました。夫は妻の変化に驚きながらも大いに喜び、妻はストッキングを着用して夫と趣味を共有するという新しい性的コミュニケーションを開拓することに成功しました。そして容姿のコンプレックスからも解放されました。

システム変更のテクニック⑦

人に期待しない、心が求めるままに行動する

配偶者や親など、家族のせいで自分の人生がうまくいかない（妨害されている）と感じる人がいます。第1章ケース①のA子さん（32頁参照）がそうでした。

このような場合、その「妨害する人」をなんとかしなければ、自分は幸せになれないという気がしてしまいます。しかし、私のセラピーだけでなく、一般的に心理カウンセリングでは「過去と他人は変えられない」と考えます。「変えられるのは自分だけ」という意味です。誰かのせいで自分の人生がうまくいかないと感じる時には、自分がその人に的外れな期待をしているのだと気づいてください。

まだ自力で生きていくことが出来ない未成年の子どもが親に不満を持つことは、変ではありません。未成年の子どもは自立したくても出来ない身分ですから、親と対等ではなく弱い立場です。「親のせい」で苦しいこともあるかもしれません。

しかし、お互いが成人である場合は、「人に期待しない」を徹底しましょう。相手が変わってくれることを期待しないことです。

〝自分が変わる、自分の行動や言動や考え方を変える〟それだけが出来ることだと考えてください。

「自分は閉じ込められた籠の鳥」というS子さん

ここで、第2章で紹介した「自分は閉じ込められた籠の鳥」というS子さんの問題解決を紹介します。

S子さんは、自分が夜に出歩いたり、飲みに行ったりすることを夫に制限されている、と感じている人でした。私は、S子さんが母親の人生をそのまま踏襲して生きているために窮屈感を感じていると推測しましたが、そんな心理的「解釈」を伝えたところでS子さんは途方に暮れるだろうと思いました。S子さんの実感としては、夫が自分を縛っているのです。

私は、何かS子さんの心に火をつける方法はないものかと考えました。夫が何を思おうがどうでもよくなるような、S子さんが今までとは行動をすっかり変えたくなるような何か、心から惹きつけられる何かがあればと思いました。

そんなことを考えていると、そのヒントは偶然に降って湧いたように目に飛び込んできました。ある時、私の息子が面接室前の待合室の床に寝そべって、スマホゲームをしていました。そこにたまたま相談に訪れたS子さんが、ふと私の息子に目をやった時、その目が好奇心で一瞬輝いたように見えました。

私の息子は白人ハーフで、栗色の髪とヘーゼルカラーの瞳なので、いかにもヨーロッパ人的な見た目をしています。そうだ、彼女は海外に憧れのある人なのだ、これが使えるかもしれないと、私は直観しました。

その日のセラピーの中で、私はさりげなく自慢話をしました。ヨーロッパ人男性の女性の扱いがスマートでロマンチックなことや、ハーフの息子が可愛いことなどです。そして、せっかくイタリア語を学んでいるのにイタリア人と実際に話したいとは思わないのですか？　と言い、ヨーロッパの言語交換サイトがあることを、それとなく紹介しました。

S子さんは興味を持ち、さっそくサイトを訪れました。

言語交換サイトで、S子さんはすぐに数人のイタリア人男性とやりとりをするようになり、東京在住のひとりの男性と実際に会うことになりました。緊張しながら初めてイタリア人男性とカフェで話したS子さんでしたが、その男性はS子さんをデートには誘いませんでした。セラピーでその報告をしたS子さんは、

「ちょっと女として悔しくって、このままでは終われない気持ちです！」

と口惜しさと楽しさが入り混じったような口調で言い、また別のイタリア人男性と会う約束をしました。

こうしてイタリア人男性と実際に会うようになったS子さんは、見た目もどんどん綺麗になっていきました。


ある時、淡々とメッセージのやりとりを続けていたローマ在住のハンサムな独身男性（サミュエルとします）が、観光で日本を訪れ、S子さんに会いたいと言ってきました。

これにS子さんは大いに盛り上がりましたが、東京を案内する約束をしましたが、もしも

彼と意気投合したとして、彼が東京にいる数日間をどうやって一緒に過ごすのかが大問題です。なぜなら、S子さんは子持ちの既婚者だとは彼に言っておらず、年齢も5つ若く伝えていました。ロマンチックなムードになってから、まさか、夕方になって「夫と子どもが待っているので帰ります」と帰宅するなんて考えられない、とS子さんは思いました。

そしてS子さんとサミュエルは、実際に会ってみるとロマンス映画のように盛り上がり、ついにS子さんはサミュエルが帰国する前の晩に、彼の滞在するホテルで一夜を過ごしました。サミュエルが日本にいた間、S子さんは連日家を留守にしていましたが、出かける口実など、いくらでも思いつきました。「夫によって家に縛られているS子さん」など、もうどこにもいなくなっていました。

サミュエルが帰国してしまうと、S子さんは急に退屈を感じました。サミュエルにとってこれは本気の恋ではなく、異国の女性とのちょっとしたアバンチュールだったんだな、と冷静に感じているS子さんがいました。しかし、不思議とS子さんは落ち込むことはなく、再び「このままでは終われない気持ち」になりました。

S子さんは、子どもが夏休みに自分の実家に2週間ほど滞在する予定なので、自分はそ

の期間に思い切ってイタリアにひとりで行こうと思うと言いました。まさか来ないだろうと思っているサミュエルを驚かしてやるというのです。

一歩間違えばストーカーのようなこの計画を聞いても、私はあまり心配にはなりませんでした。なぜならS子さんはサミュエルに執着しているのではなく、自分が実は自由に行動できるのだとわかったことが嬉しくて楽しくて仕方ないという様子だったからです。

そして実際に、S子さんは単独でイタリアに飛びました。イタリア語教室の仲間と飲みに行くことすら躊躇していた女性が、友人の民宿を手伝う必要があると嘘をついてイタリアに行ったのです！　行ってみると、サミュエルは案の定、心から歓迎しているようには見えませんでした。それを察したS子さんはすぐに気持ちを切り替え、ひとりで2週間のイタリア旅行を満喫して帰国しました。

「ありのままの自分」を見つけた妻

単独イタリア旅行を終えてからのS子さんは、すっかり以前とは変わっていました。サミュエルとの恋は、もうどうでもよくなっていました。そんなことより、自分にはやりたいことがたくさんあったのだと思い出し、居ても立っても居られないような気持ちになっていました。まず、夫の親戚の会社のパート事務などというつまらない仕事を辞めて、海外とつながりのある仕事をしたいと考え、国際NGO組織の非常勤職員の募集に応募してみたなどと話すようになりました。

ところが、そろそろカウンセリングも終結かなと私も考えていた矢先、すごい事件が起きました。S子さんの行動に怪しげなものを感じていた夫が、S子さんのメッセージ・アプリのアカウントに不正アクセスし、サミュエルとS子さんとのイタリア語のやりとりをすべて解読したのです。イタリア旅行もバレました。

夫はS子さんとサミュエルのトーク画面を印刷したものを、ダイニング・テーブルに並べてS子さんの反応を見ました。

しかし、夫に浮気がバレてもまったく動じないS子さんがいました。いつかこうなるのではないかと思っていたというS子さんは、取り繕ったり、必死で謝って許してもらうなどということは思いつきもしませんでした。

「これが本当の私なんです」

と、S子さんは夫に言いました。そしてこんなことを伝えたそうです。

「なぜだかわからないけど、私は結婚してから、なんとなくあなたに気を遣って遠慮して、自分のしたいことが出来なくなっていたと思う。大学時代の夢もいつのまにか諦めていました。でも、カウンセリングを受けているうちに、自分が何をしたいのかわかるようになってきて、実際にやってみたら、生き返ったような気持ちになれたのです。浮気がしたかったということじゃありません。それは楽しい経験だったけど、見たことのない広い世界を見たい、自分に何が出来るか試したいということの1つだったように思う。だから、あなたがこんな私のことは愛せないというなら離婚されても構いません。浮気したことは事実なので。今の私にとっては、結婚生活よりも自由のほうが大切です。たとえ、離婚されてお金がなくなって、低賃金の肉体労働の仕事しかないとしても、六畳一間のアパート住まいになっても、私は自由になれるならそのほうがいいです」

S子さんは自分のありのままの気持ちをすべて言葉にして夫に伝え、夫も一生懸命、妻をわかろうとしました。互いに自分の気持ちを伝え、夫婦で丸一晩、朝まで話し合ったそうです。そして、離婚はせず、2人でやり直そうということになりました。

S子さんは、一時は夫への愛情が完全に冷めたように感じていた時期もあったけれど、この長時間の話し合いで、夫からの愛情が伝わって嬉しかったということでした。

人に期待しないということを徹底し、自分がありのままであるために行動する。

これが出来れば、むしろ大切な人との関係は改善するということが、おわかりいただけたでしょうか。S子さんは、夫を批判することをせずに自分がどうありたいか、を切実に伝えたことによって、夫の心を動かしたのだと私は思います。

S子さんはその後、NGO組織の非常勤職員になり、得意のイタリア語を活かして活躍するようになりました。

システム変更のテクニック⑧

「解決しよう」と考えるのをやめる

第2章で「ありのままの自分」を受容することの大切さを書きました。自分を「直そう」あるいは「治そう」と考えるのは、自己否定です。また、誰かを変えようとすることも、その人のありのままの姿を否定していることです。

ここが逆説的なところで不思議に思われるかもしれませんが、**否定すればするほど、人は変わらない、変われない**のです。

例えば、自分の親や配偶者がギャンブル依存症やアルコール依存症であるとしても、それを「治す」ことや「解決する」ことはあなたには出来ないのだと考えたほうが、実は問題解決に早く近づきます。

親や配偶者がギャンブル依存症者だとして、あなたは自分の人生をどうしたいか？ と考えてください。「人に期待しない」と地続きの話になりますが、成人であれば自分を幸せにするのは自分の責任です。本人の責任は本人に返し、あなたはあなたの人生に責任を取りましょう（未成年の子どもとの関係は別問題になります。これは成人同士の場合の基本ルールと考えてください）。

自分の幸せについて考え、行動すると悪循環システムのパターンが変わります。問題が長引いていて、解決努力を長くし続けてきた場合ほど、諦めて問題を手放した時に好循環になります。

社会資源（使えそうなリソース）は十分に活用する

「そんなふうに言われても、アルコール依存症の親を放置して、もしも家の中で餓死してしまったらどうするんだ。うつ病やギャンブル依存症者を放置して自殺でもされたら、自分が後悔することになるのでは」という反論が聞こえてきそうです。

そうしたことが不安な場合は、自治体の窓口に心配な親族がいることを伝えておくことをお勧めします。

行政や自治体は、自分たちの管轄地域で事件や事故死、あるいはゴミ屋敷の住民に悩まされたり、面倒事が起こるのは何としても避けたいことですから、しっかりと福祉的な支援をしてもらえます。家族の問題は家族内で解決する、などと考えないでください。

育児や介護などの問題も、夫婦で分担することばかりを考えないようにしましょう。「使える資源はないか」と肉親、友人、地域社会、各種有料サービスなどを考えに入れてください。自分の親や配偶者の親も「使える資源（人的リソース）」になり得ます。

一時保育やファミリーサポート、地域包括支援センターなどの社会福祉的リソースも、しっかり調べて、無駄なく利用しましょう。友人や同僚なども資源になり得ます。困っていることは他人に話すと、意外な情報や助けが得られたりするものです。

こうした「使えるもの」をちゃんと見つける人と、「自分が頑張ればいいんだ」と思考停止している人とがいて、後者は当然ながら疲労と苦悩の多い毎日になります。

システム変更のテクニック⑩

コミュニケーションの場所を変える

システムズ・アプローチでは「こうすると、どうなるかな？」という実験精神が功を奏します。結果がどうなるか、よくわからなくてもいいのです。

夫に腹が立つと怒鳴りつけてしまっていたM子さんが「怒鳴る代わりに倒れる」というつもとちょっとだけ行動を変えたように、あなたが変えられそうなことを何か一つ、変えてみてください。そしてその結果を見て、また次にどうするかを考えることにしましょう。意外といい効果があるかもしれないし、何もシステムに影響を及ぼさないかもしれません。そうした小さな変更の積み重ねが満足できる結果につながることがあります。

コミュニケーション・スキルの実用書は本屋さんで数多く簡単に見つかります。それらのテクニックを試すのももちろんいいと思います。が、私は場所を変えるということをよく提案します。夫婦で言い争いになりやすい人や、自分の思いが相手に伝わらない、わかってもらえないと感じている人に是非試していただきたい方法です。

相手を一流ホテルのラウンジに呼び出してください。近所のカフェではダメです。三流ホテルでもダメで、一流ホテルである必要があります。正装までする必要はありませんが、出来れば、あなたはその場所に相応しい服装で行きます。

そして、1時間程度と時間を決めて夫婦（または家族）会議をしようと提案しましょう。そしてあなたの伝えたいことや、要求を伝えてください。

一流の雰囲気をもつ場所では、家の中での話し合いとは違ったコ

ミュニケーションになる可能性があるからです。

場所の影響で相手のコミュニケーションが変化することを目論《もくろ》んでいるだけではなく、あなた自身の心持ちや表現が変わると思います。間違っても一流ホテルのラウンジで、声を荒げる人はいないでしょう。

そして、出来れば月に1回など、定期的にここで会議をしましょう、と提案して締めくくれるといいのではないかと思います。

システム変更のテクニック⑪

“逆”という効果的な戦略

これまでに紹介した考え方や事例を通して、夫婦関係や家族関係を上手くいかせる方法や考え方には「**逆説的**」な現象が多いことに気づかれたでしょうか。

これさえなければいいのにという「悩み」には、実は手放せないメリットがありますし、「変えよう」と思うより「変わらない」ことを受け入れたほうが、むしろ変わる可能性が高まります。

腰痛に悩んでいるのにそれを治そうとはしないで、仕事をしたら治ってしまったり、解決しようという努力をやめたら解決してしまった、という例は数多くあります。子どもが学校へ行きたくないと言うなら、「そうだ、学校なんて行かないほうがいい、行くな」と言うほうが効果的です。多くのことが「逆説的」に解決するのです。

これまでとは逆のことを提案する、というのは私がカウンセリングでいつも心がけていることです。

例えば「夫婦で話そうとすると、どうしても口喧嘩になってしまい、もううんざりです」という場合には、どうしたら口喧嘩をしなくなるか、と考えるのではなく、むしろ「1日1回、15分間、必ず口喧嘩をする」と決めましょう。喧嘩する気になるならないに関係なく、決めたらしなければいけません。これは冗談で言っているのではなく、システム変更のテクニックです。

子どもに怒りすぎてしまう、というお母さんにも、1日1回「怒りすぎる」ことをむしろしてもらいます。ただし、子どもに向かってそれをやると子どもにダメージが大きいので、壁のほうに向かってやってもらいます。壁の前にクッションを置いて、殴る蹴るを加えたいならそれもいいでしょう。

ようは「やめなくちゃ」と思っていることは、むしろ逆に「やる」と決めることです。ただし、安全を確保してルールを決めて実行してください。

このように言うと「じゃあ、タバコをやめなきゃと思っているのにやめられない場合、むしろ吸うと決めたほうがいいのですか？」というような、ちょっと都合がよすぎる質問を受けることがあります。

私が提案しているのはコミュニケーションのシステム変更、つまり関係性を変えるテクニックですので、個人の健康上の問題に必ずしもうまく適用できるかはわかりません。

しかし、夫にタバコをやめさせることに成功した妻ならいます。

システム変更のテクニック⑫

幸せな未来の先取り

F子さんは、もうすぐ定年退職になる夫が一向に禁煙してくれないことに困っていました。夫も、禁煙したい気持ちはあるのですが「朝の起き抜けの一服が美味しくてやめられない」「夕食後の一服がやめられない」と、なかなか誘惑から逃れられないようでした。

F子さんは、夫が平日の日中仕事に行ってしまう今はまだ我慢できるが、定年後、朝から夜までずっと家にいて四六時中スパスパとタバコを吸われたら耐えられないと思い、夫にもそう伝えていました。

「定年までには、絶対に禁煙してくださいよ。禁煙してくれないなら一緒に暮らしていけないかもしれないわ」。F子さんは常々そう夫に伝えていました。

しかしF子さんの夫は、本当に定年退職が目前に迫っても禁煙できそうにありませんでした。そこで私は「**未来の先取りコミュニケーション**」を提案しました。

「未来の先取り」とは、実現してほしい未来がもうすでに実現したかのように振る舞うことです。例えば、こんなふうに言ってみるのです。

「わたしね、あなたが退職したら、一緒に列車の旅をしてみたいと思ってたの。出来れば新婚旅行で行った尾瀬に行きたいな。これまでは、あなたがタバコを吸っていたから一緒にそんな長旅をするのは無理だと思ってたけど、禁煙できたらそんな旅行も楽しめるわよね。考えてみたらあなた、ひと頃よりも、だいぶタバコの本数減ったわよね。もうすぐ旅行に行けると思うと嬉しいわ」

これは、F子さんが「私は旅行が好きですけど、タバコを吸う夫と列車で旅行なんて無理だし、禁煙してくれなければ、夫婦で一緒に楽しめることが何もありません」と言ったので、F子さんの理想の未来が実現するという前提で表現してみたものです。

このように、実現したい幸せな未来の一歩手前まで来ている、あるいはもう実現している、という設定で相手に語りかけると、そのような未来が実現しやすくなります。

第1章のケース⑤で、私はE子さんがデザイナーとして活動する前から「デザイナーとして振る舞うこと」を提案していました。

人によい変化をもたらしたい時は、相手を批判するのではなく、もうあなたは変化している、と肯定的に伝えてみてください。

システム変更のテクニック⑬

問題解決を保留し、新たな出会いを求める

問題が長引いている時は、問題解決の努力をいったん棚上げして、**新しい人との出会い**を求めることもお勧めです。

そもそも私のところに相談に来る皆さんは、私との出会いに何かを期待して来ていると私は思っています。前述のS子さんは、イタリア人との出会いを求めて実際に出会い、夫婦関係と自分の人生に大きな変化を起こしました。問題ある状況を打破するために、これまでの自分の付き合いの範囲にいない誰かと出会おうとする人は、問題解決が早いように思います。なぜなら、新たな登場人物はあなたの日常のシステムに新しい風を吹き込む可能性があり、システム変更につながるからです。

問題解決しない人は、たいていいつも代り映えのしない同じメンバーで入れ替わりがなく、話も同じところをぐるぐる廻っているような印象です。

システム変更のテクニック⑭

自信のあることだけをやる

問題を抱えている時、人は自分に自信がなくなりがちです。しかしここでも「逆から考える」ことをお勧めします。

すなわち「**問題を解決したら自信を取り戻せるのではなく、自信を取り戻せば問題が解決する**」と考えるのです。

第1章・ケース⑤で、E子さんはもともと「デザイナーになりたい」とは言っていませんでした。しかし私は「デザイナーとして行動すること」をお勧めしました。それは、E子さんが美大卒であることに自信と誇りを持っていることを感じたからです。

イタリア語を趣味で学んでいたS子さんも、もともとはあくまで趣味で学んでいただけで「語学を活かした職に就きたい」とは言っていませんでしたが、自分の語学力に自信を持っていました。

自分が自信を持っていることをして生きることが出来れば、夫婦関係など身近な人間関係のシステムは自ずと変化します。S子さんやE子さん以外にも、ジュエラー（ジュエリー製作者）になった人、ブロガーになった人、ミュージシャンになった人など、自分に自信を取り戻して、結果的に問題解消した人はたくさんいます。これらは、職業として生計を立てているか、いないかは関係ありません。

もしも、自分には自信のあることなど何もない……と感じる時は、記憶がある限り過去を振り返って、他人に褒められたこと・認められたことを何か一つでも思い出してください。子育て、料理、作文、手芸、算数の教え方、どんなこともあなたの自信の源になり得ます。ずっと続けてきた事（趣味・習い事その他）があるなら、それを利用しましょう。

さらに、自信のあることは見つけたけれども、それをどうやって活かせばいいのかわからないという場合は、まずは人に話すことをお勧めします。

「この特技を活かして何かしたいのだけれども、いいアイデアはないかしら？」と、いろいろな人に話してみると、思いもよらないアイデアやヒントが得られることがあります。

システム変更のテクニック⑮

形から入る、人の真似をする

もしも、あなたの理想の夫婦や憧れの人がいるなら、その人たちを真似てみましょう。難しく考える必要はありません。あなたの知っている範囲内で、ただ真似ればいいのです。髪型や服装などの見た目を真似る、話し方を真似る、行動を真似る、なんでも構いません。

ぜひとも試してみて欲しいのは、困った時に「あの人（憧れの人）だったら、こんな時にどうするだろうか」「あの人だったら、こんな時にどんな受け答えをするだろうか」と想像し、その人になったつもりで行動や発言をしてみてほしいのです。

「いや、そんなに憧れの人の内面についてよく知りません」という場合でも「たぶんこんな感じだろう」というまったくのあなたの想像でかまいません。「ごっこ遊び」の精神でやってみてください。これまでのパターンを変更できる可能性があります。

「形から入る」という言葉がありますが、これは日本人に馴染み深い物事の習得のやり方で、習い事の世界ではよく使われる言葉です。

「形から入る」というのは、「内面的な成長や変化や理解などはとりあえず後回しでよいから、とにかく見よう見まねで外面（形）だけ整えなさい、そうしたら内面は後から自然とついてきます」ということです。

これは非常に効率的で有効な考え方であり、テクニックです。「目に見えない内面の成長よりも、目に見える具体的な変化が重要」とするシステム変更の考え方とも合致します。

森田療法の創始者・森田正馬も「外相ととのって内相が自ずから熟す」という言葉を遺しています。

「解決しよう」ではなく「変えてみよう」

夫婦や家族の悪循環システムを好循環システムに変えるコツは、「**問題を解決しよう**」と考えるのではなく「**何か変えてみよう**」と考えることです。

目の前にある「問題」は、悪循環システムが生み出した現象のひとつにすぎません。そのひとつの現象に目を奪われずに、家族のシステム全体を少しだけ、あるいは大胆に変える、ということにぜひチャレンジしてみてください。

第3章
すぐに使えて変化を促す“システムズ・アプローチ”

エピローグ

〝夫婦と家族のカウンセラー〟になった理由

「メンタルクリニック」で〝悩み〟は解決しない

本書を上梓するにあたって、〝家族と夫婦〟というテーマに、なぜ私が個人的に強い関心を持ってきたのか、読者の内容理解を深めるためにも、私の個人的な背景を書いておきたいと思います。

第2章で少し書きましたが、私は小学6年生（十一歳）の時に摂食障害（拒食症）になりました。当時はまだ「摂食障害」という言葉が世の中になく、「思春期やせ症」という言葉が、かろうじてあったかと思います。心療内科という診療科はまだ存在せず、精神科では統合失調症（当時は分裂病）・うつ病・神経症という3つの「精神病」を治療していた時代だったと思います。

私はあまりにも症状がつらかったので、中学3年生の時に母親に頼んで近所の精神科クリニックへ連れて行ってもらったのですが、「いろいろ考えすぎだよー」と、男性医師にニヤニヤとされながら言われ（本人は微笑んでいたつもりかもしれませんが）、その場にいた三人の看護師と母親も苦笑するという、思春期の少女にとって惨憺《さんたん》たる経験をしました。

それが現代では、街のそこらじゅうに心療内科クリニックが乱立し、精神科も「摂食障害、各種依存症、睡眠障害、不安障害などを専門としています」といった看板が増えました。多くの人が気軽に相談できるような雰囲気です。これらの精神疾患は、かつて「気の持ちよう、意志の弱さ、我慢の足りなさ、気にしすぎ」のようなことで片づけられた「個人的な悩み」でしたから、時代は大きく変わったものです。

しかし、現代においても心療内科や精神科に過度な期待をするべきではない、と私は思います。これらの現代的な「精神疾患」の個人的な背景や要因についてまで、そうした診療科で「治療」をしてくれるわけではないからです。

ある女性は、夫から肉体的接触を拒絶され続けてうつ状態になり、精神科を受診しました。そして、

「先生から夫に（私の気持ちをもっと理解するように）話してください」
と、主治医に訴えましたが、「それは私の仕事じゃない」と拒否され、ショックを受けたそうです。

しかしこれは、この精神科医が冷たい医師だ、ということではありません。精神科医はよろず悩み相談業をしているわけではありませんし、夫婦仲の修復は医療行為ではありません。この女性の願いはお門違いというものなのです。

精神状態が「異常（精神疾患の状態）」である場合に医療的介入が行われるのであって、「夫に接触を拒絶され続けてつらい」というのは「異常」ではなく、つらくて当たり前というものです。こうした「(正常心理的な）悩み」は、医療機関ではまず扱ってもらえません（つらくなった結果、「うつ状態」になったことに対する治療はしてもらえます）。

医療機関では「悩み」を解決できず、ただ薬で頭をぼんやりさせられているだけ、のような「患者たち」を私はたくさん知っています。ですから、駅前に「メンタル・クリニック」が乱立している今の世の中が、私の若い頃よりよくなったとはあまり思えないのです。

内田良子《うちだりょうこ》先生との出会い

摂食障害がどんどん悪化していた十八歳の時、私は児童心理学者で不登校や引きこもりの子どもの専門家である内田良子先生に出会うことが出来ました。まだ十八歳ということで、かろうじて「子ども」であったため、総合病院の小児科に心理士として勤務していた内田先生の面接を受けることが出来たことは、私の人生を変える幸運でした。

母は、私を内田先生のところへ置いて帰ろうとしましたが、内田先生は逃げるように帰ろうとした母の腕をむんずと捕まえ、

「あなたにお話があります。あなたも部屋に入ってください」

と力強く言いました。後日、母はこの時のことを

「内田先生に腕をつかまれた時の、怖いくらいの迫力が忘れられない」

と言っていました。

そして内田先生との面接では、私の言うことのすべてが肯定され、母の言うことのほとんどが批判されるという、それまでの十八年間の私の人生ではあり得なかった事態が起こ

りました。内田先生は、

「裕理さんは心の病気ではありません。裕理さんの言っていることはすべて正しいです。カウンセリングが必要なのは、お母さまですよ」

と決然と言い放ちました。

そして追い込まれた母はついに娘の私の困った状態について話すのをやめ、「自分にとっての現実、苦しみ」をほとんど叫ぶように訴えはじめました。

「夫はギャンブル依存でろくに家に帰ってこない。女遊びはひどい。それでも自営業だから私は一緒に仕事をして支えてきたんです。本当はもっと子どもが欲しかったけれど、仕事が大変すぎるからそれも諦めました！　会社を経営することの大変さも知らないで、舅や姑や小姑たちは、結婚当初から私のことを貧乏人の娘と言ってバカにして、私の味方なんて誰もいない家の中で頑張ってなんとかやってきたんです！　それで少しは娘に八つ当たりしたことも、確かにあったかもしれませんね、でもそれで娘がおかしくなったのは私のせいだと責められるんですか？　私より浮気ばかりしている夫のほうが悪いんじゃないですか？　私に言わせればこの子がこうなったのは、夫のせいですよ！」

バブル真っ只中の時代で、高価な宝飾品や絵画を購入したりと贅沢な暮らしをし、この日も「幸せに満ちたお金持ちのマダム風」な装いの母でしたが、実は少しも自分は幸せではないのだ、ということを内田先生にわめくように訴える母を見て、私は内心で安堵していました。

この時の私は、もちろん今の私のような知識はありませんから、どうして自分が安堵しているのかよくわかりませんでしたが、とにかくこれで「(家に)風穴が開いた」というような安堵感だったのを覚えています。つまり、子どもは膠着《こうちゃく》した親の問題を打開するための支援を得るため、無意識的に自分の問題を悪化させることで、外部にSOSを発信するのです。

そして、涙ながらにわめき散らす母に向かって内田先生は、

「ご主人とあなたのカウンセリングをしましょう」

と言ってくれました。

この後、父と母は何回か内田先生のカウンセリングを受けましたが、父は多忙を理由に数回でドロップアウトしてしまいました。母も、私が少し活動的になってくると、内田先

生が開催している「親の会」などに行くことをやめてしまいました。

私はカウンセリングを受けて「ありのままの自分」を肯定され、少しずつ元気になっていき、家を離れて自立することも達成できましたが、父と母の夫婦間葛藤は、消えずにそのまま残ってしまいました。

斎藤《さいとう》 学《さとる》 先生との出会い

二十代になった私はかなり元気になったとはいえ、摂食障害の症状がまだ消えていなかったので、心理学や精神医学の本を読み漁っていました。その中で精神科医である斎藤学先生の『あかるく拒食ゲンキに過食』という本に出会いました。この本はとてもユニークで、摂食障害の「治し方」はどこにも書いてありませんでした。むしろ「治療者無力の法則」といって「治せない」ことを著者が宣言している、他に類のない本でした。

「治せないし、治す必要もないでしょう」という斎藤先生の語り口は、「治し方」を知ろうとして「心理学」の本を読み漁り、あがいていた私の心を掴みました。

それから私は、斎藤先生のクリニックを訪れて患者となり、その後弟子として治療者になり、斎藤先生と同じく「治さない治療者」になったというわけです。

斎藤先生は、ご自身の治療理論として「**斎藤式逆説介入アプローチ・PIAS**（"Paradoxical Intervention Approach by Saito"）」というものを発表しておられます。

このアプローチの根幹にあるのが「**治さないことによって治る**」**という**「**逆説**」だと私は理解しています。

私が実際に摂食障害という症状を手放すきっかけとなったのが父の死であることは、第2章で書いた通りです。「私の摂食障害は一生治らなくてもよい」と心に決めたら、すっかり治ってしまいました。

父母の夫婦間葛藤の結末

私が二十代で実家を離れてからも、父母はまだ同じ問題を抱え続けていました。二十五歳になり「専門家」になりかけていた私は、父と母がそれぞれどのような家族歴・生育歴を持ち、どのように出会い、それぞれがどのような「心の傷」を抱えながら結婚生活に突入したかなどをすべて理解していました。

父と母には、それなりに壮絶ともドラマティックともいえる生育歴がありました（それをここに紹介すると私の自叙伝になってしまうので、割愛します）。しかし娘の私が2人を理解したからといって、父母をどうすることも出来ませんでした。

私の父母は、誰にも助けを求めてはいませんでした。父は睡眠薬を飲まなければ絶対に眠れない人でしたし、母はよく胃を悪くしていましたが、2人にとって一番大切なものは、経済的な豊かさだけのように私には見えました。いや、経済的な豊かさによって「心の傷」を覆い隠そうとしていた2人だったのかもしれません。

そして、生き方の柔軟性を失っている夫婦は、危機に陥った時も柔軟に対応できません。五十代前半の父が舌癌になり、すでに進行癌であるとわかってからも、父母の生き方は変わりませんでした。進行癌といえば死を意識するはずですが、父も母も仕事を第一優先に考え、仕事に支障がないという範囲で病院や治療法を決めてしまいました。

私がどんなにセカンド・オピニオンを聞きに行くべきだと勧めても、忙しいからと言って聞き入れませんでした。命より仕事が大事と考えるほど、2人の心は麻痺していたと思います。そして、その選択は最悪だったのだと、取り返しのつかない時になってから気づいたのです。

父は、癌の発見から11ヵ月で、無理な根治治療を続けた末に亡くなりました。そして父の死後、母が泣きながら私にこう打ち明けました。

「最初に病院に行くより3ヵ月前に、口内炎が治らなくて痛いんだ、とあの人が私に言ったのよ。でもその時、またあの人が浮気して朝帰りしたばかりで、私はあんたの心配なんかしてやるものか、と思って無視してしまった……それで3ヵ月も放置した。あの時、もし浮気のことなんかなくて、普通の私だったら、口の中を見てあげていたと思う。私が見たら、それが口内炎なんかじゃなくもっと悪いものだと気づいたはずだし、3ヵ月前だったらまだ癌が転移していなかったかもしれない。あの時、私が変な意地を張らずに、口の中を見てあげて一緒に病院へ行っていたら、あの人は死ななくてすんだかもしれない。でも、あの人だって悪いのよ、ずっとずっと浮気をしていたんだから。でも、死んだらいいなんて思ったことはなかったのよ！」

母の後悔の気持ちは痛いほどわかりましたし、私にもたくさんの後悔がありました。セカンド・オピニオンを勧めるだけでなく、無理にでも私が父を他の病院へ引っ張って行っていれば、もっとふだんから父とコミュニケーションをとっていれば……考え始めたらきりがありません。しかし、私の父母という夫婦に関しては、すべては手遅れになったのです。このようなわけで、私はまだ「手遅れ」にはなっていない夫婦や家族に、何らかの支援をしたいと考えるようになったのです。

カウンセラーが癒されるという「逆説」

「夫婦間葛藤は家族の命を奪うことにも繋がりうる」というのが私の個人的経験を通した認識です。摂食障害にしても、私はたまたましぶとく生き延びましたが、酷《ひど》ければ命を落とす例もあります。ですので、夫婦や家族がそうした「最悪の結末」に至らないように、私にできることがあればお手伝いしたいと願いながらこの本を書きました。

私がカウンセラーになる過程で学んだ大きな学びの一つですが、フロイトから始まる精神分析の治療者たちには「治療者こそが傷ついている」という人間観があります。「傷ついた治療者が、患者との出会い・相互に影響を与え合う過程において、むしろ癒され続ける」という、逆転した治療者・患者観が精神分析にはあるのです。こうした人間観は、おおいに私を楽にしてくれました。クライエント夫婦が葛藤を乗り越える過程に寄り添い、その姿を見ることで、私は癒されていると思います。

精神分析では、自分がしてほしかったことを他人にしてあげたり、自分がしたくても出来なかったことを他人にやらせてあげることなどを「**愛他主義**」と言い、非常に精神レベルの高いストレス対処法としています。私に限らず、多くの心理カウンセラーが「愛他主義」によって自己治療をしているのかもしれません。ですから、治療者だからといって、神のように一方的に相手を癒す存在でなくてよいのです。完璧でなくていいし、悩んでいていいのだとも思います。

また、内田先生も斎藤先生も、私の芝居を見に来てくれたり（私は二十代の時、劇団をやっていました）、絵描きをしている患者の個展に訪れて絵を購入したりと、診察室以外で患者に会うことも度々でした。つまり、クライエントや患者との出会いを単に職業上の接触と考えるのではなく、人と人の出会いとして大切にされているのだと思いました。

診察や薬が人を癒すのではなく、出会いが人を癒すのだと私が信じるのは、このような素晴らしい先生方に出会い、強く感銘を受けたからかもしれません。

この本を通じて私と出会ってくださった読者の皆さまが、幸せな理想の家族を築いていかれることを心より願っています。

石川裕理

参考文献

＊『育児室からの亡霊』ロビン・カー・モース／メレディス・S・ワイリー著・朝野富三／庄司修也訳（毎日新聞社刊・原題"Ghosts from the Nursery" 2000）
＊『食べすぎてしまう女たち』ジェニーン・ロス著・斎藤学訳（講談社刊・原題"When food is love"1991）
＊『英国王のスピーチ』（原題"The King's Speech" 2010）
＊『あかるく拒食ゲンキに過食』伊藤比呂美・斎藤学著（平凡社刊・1992）
＊『心理療法ハンドブック』編者・乾吉佑／亀口憲治／成田善弘／東山紘久／山中康裕（創元社刊・2005）

著者紹介

石川裕理（いしかわゆり）

臨床心理士・公認心理師・EAPメンタルヘルスカウンセラーEMC®

東京都生まれ。大学にて神学を学び、大学院にて臨床心理学を修了。民間の心理相談室、精神科クリニック勤務を経て2008年より独立、「PIAS麻布カウンセリングセンター」を主宰。家族療法のみならず、20代で劇団を主宰していた経験を活かし、心理劇のグループ・ワークショップも行う。カウンセリングでは「治す」のではなく、むしろ問題や症状の利点に着目して問題を解消する「逆説介入」を得意とし、明るく前向きに、クライエントの能力を引き出すセラピーを行っている。

「PIAS麻布カウンセリングセンター」：http://pias.main.jp/

カバー・イラスト：サトウハルミ

ありのままの自分《じぶん》に気《き》づけばうまくいく——夫婦と家族の「心の傷」の癒し方

2021年6月22日　初版第1刷発行

著　者　石川裕理

発行者　鎌田順雄

発行所　知道出版

〒101-0051 東京都千代田区神田神保町1-7-3 三光堂ビル4F

TEL 03-5282-3185　FAX 03-5282-3186

http://www.chido.co.jp

印　刷　ルナテック

ISBN978-4-88664-343-8